上司と部下の いまこそ必要! メンタルヘルス・マネジメント対策

テレワークのラインケア パワハラ法改正 対応

［共著］松本 桂樹　榎本 正己
［編集協力］大阪商工会議所（メンタルヘルス・マネジメント®検定試験 主催）

税務研究会出版局

はじめに

私どもの会社は、企業と契約して従業員やご家族、および管理職や人事の相談に応じる中で、個人と企業の成長と発展を支援する「EAP（Employee Assistance Program）」を主たる業務とする、1993年設立のカウンセラー集団です。

大阪商工会議所の担当者（現在は大阪成蹊大学経営学部 山崎哲弘先生、特別寄稿ご執筆者）が弊社の関西相談室を訪れ、「何か一緒にやりましょうよ」と声をかけて下さったのが2003年。そこから、メンタルヘルス・マネジメント検定試験との関わりが始まりました。当時は、バブル崩壊の余波が残る時代。勤労者を取り巻く労働環境は、終身雇用の終焉、目標管理や成果主義の導入に代表される大きな転換期を迎え、過重労働などにより労働者のストレスは増大していました。心の病による自殺や休職、離職も増加し、組織における勤労者のメンタルヘルス対策の重要性が認識され始めた時代でした。

経済団体が組織のメンタルヘルス対策にどのように貢献できるのか。数多くの議論を重ねる中、「組織の人事担当者が、カウンセラーや事業場外資源を上手に活用できるようになる検定試験があるとよいのでは！」といったアイデアを踏まえ、職場内の役割に応じて必要なメンタルヘルスに関する知識や対処方法が習得できるよう３種（セルフケア、ラインケア、マスター）のコースが作られています。今や、累計で約50万人が受験する検定に育っています。

著者である私と榎本は、メンタルヘルス・マネジメント検定試験の対策講座の講師をしている関係もあり、本検定に関する意見や感想に触れる機会も多いのですが、「体系的にメンタルヘルス対策の学習ができてありがたい」「何かの際は職場で公式テキストを参照するようにしている」など、感謝を述べられることも多くなっています。実践的であることが本検定の強みだといえるでしょう。

さて、本書は、人事担当・産業保健スタッフを対象としたメンタルヘルス・マネジメント検定Ⅰ種マスターコースの合格者に配信されてきたメルマガの記事を、大阪商工会議所の許可のもとに掲載しています。

内容は、私自身もカウンセラーとして勤務するEAP相談室に寄せられる相談に基づいて作成した架空事例を中心に、時々のトピックを取り上げてきました。

奇しくも今はウイズコロナの時代。職場のメンタルヘルスでも新たな対策が必要とされています。我々も30年近くＥＡＰ活動を行ってきており、そこから得られた経験・知見を踏まえ、今の時代に合わせて記事の加筆修正を施しています。

本書が、今後の社会を力強く生き抜いていくための参考になれば幸いです。

2020年10月

著者代表：松本　桂樹

目　次

4　事例で分かる問題とその対処法～ウイズコロナ編～ …… 147

特別寄稿

コロナ禍で浮き彫りとなった職場のコミュニケーションの問題

山崎哲弘

職場におけるコミュニケーションの問題

エン・ジャパン株式会社が約１万人を対象に2020年６月に行った調査※を見ると、テレワーク実施中に約７割のビジネスパーソンが「コミュニケーションが変化した」と回答し、その変化について「対面でのコミュニケーションがなくなった」「コミュニケーションの総量が減った」と答えています。また職場でのコミュニケーションでも年代が上がるにつれて「取れていない」との回答が増えています。このほかにも様々な調査が行われていますが、コロナ禍における職場のコミュニケーションは大きな問題となっているようです。

では、実際にどのようなことが問題となっているでしょうか？　私が話を伺った中から、特徴的な例をご紹介したいと思います。

（※エンジャパン株式会社「テレワークにおける社員コミュニケーション実態調査」
https://corp.en-japan.com/newsrelease/2020/23400.html）

2 コロナ禍で広まったマスクを通したコミュニケーションの問題

私が勤務する大学でも、対面授業では教員は当然マスク（場合によってはフェイスシールドも併用）を着けていますし、学生もマスクの着用が必須になっています。

今、講義をしていると強く感じるのは、学生の表情が読み取れないということです。これまでは講義内容を理解しているかどうか、また内容に興味があるかどうかを表情で感じることができました。しかし、このコロナ禍での講義では受講生全員がマスクをし、視線だけが私に向けられているため、頷くなどの行動がなければ、学生がどのように感じているのか把握しにくい状況にあります。

読者の皆様も研修やビジネス書などで「メラビアンの法則」という言葉を

聞いたり見たりしたことがあると思います。少し誤解されている部分もあるこの法則ですが、本来の内容は、「矛盾したメッセージ」が発せられた時、人はそれをどのように受け止めるのか、つまり、人の矛盾した行動が相手にどのような影響を与えるのか、ということを明らかにしています。この結果、話の内容などの言語情報（Verbal）が7％、話し方などの聴覚情報（Vocal）が38%、表情や見た目などの視覚情報（Visual）が55%となり、いわゆる非言語コミュニケーションの影響が大きいということが示されました。

さて、先ほどの私の講義の体験からすると、例えば眉間に皺を寄せて頷いている場合、または目じりを下げ（目だけは笑顔）ながら首を傾げられた場合、矛盾したメッセージを受け取ることになり、混乱することがあります。今、読者の皆様の職場でもマスクの着用は必須でしょう。実際に私が話を伺った方々の中にも私と近い体験をしている方がいました。

ある企業の人事の方は、「コロナ禍におけるテレワークの結果、改めて社員の心身の健康問題が社内でクローズアップされた」とおっしゃっていました。例えば、常にマスクをしているため、管理職が部下のちょっとした変化（不調のサインなど）をつかみにくくなったと感じているそうです。また表情が読み取りにくいため、「大丈夫です」や「問題ありません」といった回答をそのまま鵜呑みにしていいかどうか迷うこともあるようです。この他にも、基礎疾患のあるご家族がいるなど新型コロナ感染症に対する恐怖心を持つ社員もおり、今までは気軽にできていた雑談を含めたちょっとした会話もしにくい雰囲気があるそうです。

一方で、部下の立場の方からも困惑するお話が聞こえてきました。例えば、少し特殊な例かもしれませんが、上司から「いついつまでに、この件をよろしく頼むよ」といった少し無茶振りな仕事の頼まれ方をした時、マスクで声がこもって聞き取りづらく、また平坦な口調に聞こえたため「感じが悪いなぁ」と感じたとのことです。この方の印象的な点は、もともときちんと上司とコミュニケーションが取れているので特段問題はなかったそうですが、きちんと関係性が築けている間柄でも、マスク越しだと意思疎通に齟齬が起きることに驚いたとのことです。このことから現在この方は、上司や同僚と話をする時、意識して身振り手振りを入れることや相手にきちんと伝わるリアクションを心がけているそうです。

このほか、上司・部下の関係ではありませんが、医療従事者の方からのお話で、マスクを着けた患者さんの表情が読み取れず、本当の気持ちやニーズに気づきにくいとの話もありました。

このように、私たちは普段のコミュニケーションにおいて、表情や声のトーンといった表現などから様々な情報を読み取っています。たかがマスク1枚、それだけでコミュニケーションが取りにくい状況になります。このため、いつもより伝わりやすい表現が必要となるでしょう。

ポイント

職場におけるマスク問題とは

- □ いつもなら気づける「ちょっとした変化」に気づけない
- □ 言葉（言語情報）だけでは判断できない
- □ 仕事に関係ないちょっとした会話を楽しめない
- □ 声がこもって聞き取りづらく、平坦（少し冷たく）に聞こえる

→せめて目で表情を作る。また、アクション・リアクションは大きめに。

3 オンラインコミュニケーションの問題

また、テレワーク下のオンラインコミュニケーションの問題も顕在化しました。私が勤務する大学でも、コロナ禍における影響により急遽オンライン型授業（同期型・オンデマンド型）の実施が決まりました。これまで私もZoom等で会議や打合せをしたことはありましたが、ホストではなく一参加者として招待されての参加でした。このため慌ててオンライン型授業の方法を調べ、準備をしましたが、頼れる人もほとんどおらず手探り状態でした。

そして、実際にオンライン型授業（同期型）が始まると、やはりトラブルが続発しました。笑い話では、私は自宅の和室で講義を配信することが多かったのですが、事情を知らない子どもや妻が部屋に入ってくることなどもありました。このほかにも「音声が聞こえない」や「アクセスできない」など

のトラブルなど毎回と言ってよいほど起こりました。ただ、そういったトラブルの中でも、例えばチャット機能を使い、学生同士でアドバイスし合うなど柔軟に対応してくれることが多くあり、本当に助かりました。

前段が長くなりましたが、今回のコロナ禍におけるテレワークでも同様のことが起こっていたようです。若い社員の方は、何か相談があればZoom等での打合せに加え、チャットなどで気軽に情報を交換し、業務を進めることが多かったようです。一方で高齢の管理職の方は、使い慣れていないZoomやチャットなどは敷居が高かったようで、電話もしくはメールでの連絡が多かったと聞いています。これまでの職場であれば「ちょっと教えて欲しい」で解決していた問題が、電話やメールを使わなければならず、そのことで部下の業務の妨げになる可能性があること、またタイムリーな返答を期待できないこともストレスの原因となっていたようです。

このほか、マスク問題ほどではないにしても、言葉中心のコミュニケーション問題もあります。先ほども述べましたが、私たちは相手の表情や声のトーンといった表現などから様々な情報を読み取っています。対面の会議であれば、意識せず言葉以外のコミュニケーションを用いて会話をしていたと思います。しかしながら、Zoomなどによるオンライン型の会議では、画面を通しての会話となるため、相手に視線を向けるなどの言葉以外のコミュニケーションが取りづらくなります。この結果、言葉中心のコミュニケーションとなり、話し手も聞き手も、相手の本心や感情を読み取るため、言葉に対してより集中して対応せざるを得ず、対面の会議よりも疲労やストレスを感じたという話も伺いました。

また、言葉中心の問題とは異なりますが、システムの問題もコミュニケーションの障害につながっているケースがあります。読者の皆様も一度は経験したことがあると思いますが、Zoom等で会話をしている時、一瞬画面がフリーズする、音声が途切れるということがあります。対面の会議では起こりえない不自然な「間」が起こると何となく気まずい思いをしたり、話を仕切り直したりといった作業が発生します。普段のコミュニケーションにおける会話は、阿吽の呼吸といったテンポや間があります。それを乱されることがストレスに感じたとの話を多く聞きました。

このようにオンラインコミュニケーションの問題には、システムの慣れ、不慣れの問題、ここではあまり触れませんでしたが、ウェブカメラのオン・オフといったテレワークにおけるマナーの問題など、いつもの職場や対面の会議とは違う環境から受けるストレスがあることを認識しておく必要があるでしょう。

ポイント

オンラインコミュニケーションの問題とは

- □ システムへの慣れ・不慣れによって対応の差が生じる
- □ 言葉中心のコミュニケーションとなり集中力を要する
- □ システム障害や通信状況により会話がテンポよく進まない

4 コロナ禍以降に管理職に求められるもの

私はコロナ禍でテレワークを体験した複数の人事担当者の方にお話を伺いました。そして、ほぼ全員が、コロナ禍以前の職場に戻ることはない、頻度等に差はあるだろうが、テレワークは定着していくだろう、管理職はテレワークが当然のものとしてのマネジメントが求められる、とおっしゃっていました。

特に部下の心身の健康面の管理では、テレワークで部下とのコミュニケーション量が減少しているので、ホウレンソウ（報・連・相）を待つのではなく、管理職から接触頻度を上げる取組みや小さな違和感から情報を汲み取る感受性が求められるとのことでした。

また、健康面の問題ではありませんが、これまでであれば当たり前に共有されていた組織の文化や風土が、共有されにくくなるのではないかと考える方も少なからずいました。特に育成段階にある若手社員に対しては、管理職によるきめ細かな指導が必要になると思われます。

コロナ禍によるテレワークによって、通勤時間がなくなった、無駄な会議が減った、家族と過ごす時間が増えた、業務に集中できたなど、よい面も見られますが、長期的な視点ではデメリットが上回ってしまう可能性もあります。その点からも管理職によるラインケアの重要性はますます高まっていくことになるでしょう。

山崎哲弘　プロフィール
1977年生まれ。大阪市立大学大学院経営学研究科後期博士課程修了。専門は人的資源管理論。大阪商工会議所にてメンタルヘルス・マネジメント検定試験の企画・立案のほか、企業のメンタルヘルス対策支援や新卒採用支援、人事制度設計など人事労務に関する事業に10年以上携わる。2018年より大阪成蹊大学経営学部講師。

1

今、働く現場で何が起きているのか

1 新型コロナ感染症の拡大と新たな働き方

「2020年」この年は、わが国の働き方を大きく変えた年として記憶されることになるのかもしれません。新型コロナウイルス感染症（COVID－19）は、2019年末から世界に急速に拡大、２月にはわが国でもPCR検査等で陽性と判定された患者数が急増し、４月７日には新型コロナウイルス感染症対策本部から「緊急事態宣言」が発出されるに至りました。

2012年にMERS（中東呼吸器症候群）の流行がありましたが、日本国内で感染が拡大することはありませんでした。今回も、「対岸の火事」「ただの風邪」といった認識で報道される映像や数字を見ていた方も多いのではないでしょうか。そこからの患者数の激増、これに伴うマスクやアルコール消毒液の争奪戦。なぜかトイレットペーパーまでも店頭から消えてしまい、私たちの不安は否が応でも高まりました。

図表１－１　新型コロナウイルスの流行と動き

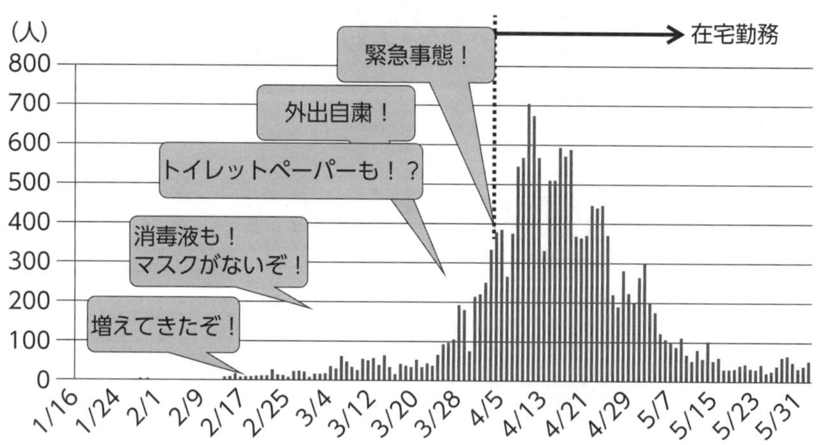

出典：厚生労働省ウェブサイトを基に作成（データに筆者追記）
https://www.mhlw.go.jp/stf/covid-19/kokunainohasseijoukyou.html

そうした中で私たちは初めて「外出自粛」なる状況を経験しました。法的な罰則はないものの、社会全体で「８割の接触削減」を目指す取組みの中で、多くの企業は出社人数を制限し、一斉に「テレワーク※」を導入します。

経団連が４月14～17日に会員企業1,470社を対象に行った「緊急事態宣言の発令に伴う新型コロナウイルス感染症拡大防止策各社の対応に関するフォローアップ調査」では、テレワークを実施している「企業」の割合は97.8%でしたが、中小企業の実施割合はもっと低く、テレワークが困難な業種や企業もあります。また、導入した企業でも様々な事情で出勤を続けた方はいました。内閣府の調査等を見ると、テレワークを経験した「人」は東京で約５割、全国で３割程度のようです。

※本来は職場以外での勤務を総じてテレワークやリモートワークと呼ばれますが、緊急事態宣言下では例えばカフェでの作業なども自粛となったため、本書では「テレワーク」と「在宅勤務」を同意語として使用しています。

図表１－２　テレワークをした人の割合

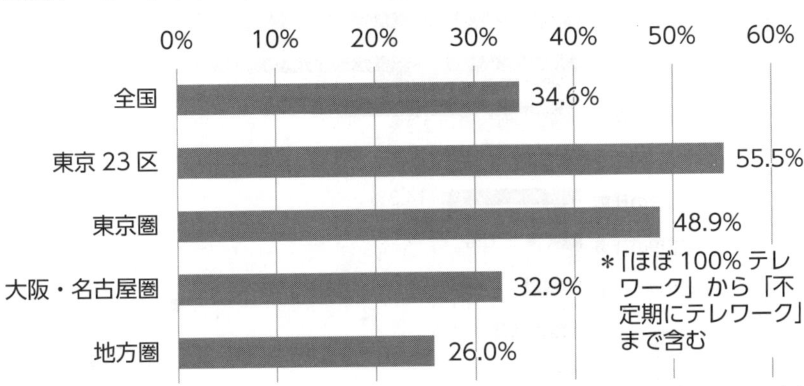

出典：内閣府「新型コロナウイルス感染症の影響下における生活意識・行動の変化に関する調査」（2020）を基に作成

それでも通勤電車には空席ができ、街頭での人数調査も目標値に近い削減が見られました。その結果、新規の陽性者数は大きく減少、５月25日には全国で緊急事態宣言が解除されました。日本全体での取組みにより、爆発的な感染拡大を防げたことに胸をなで下ろした方も多いのではないでしょうか。

こうしてわが国で急速に広まったテレワークですが、皆様は経験されましたでしょうか？　公益財団法人日本生産性本部の調査「新型コロナウイルス感染症が組織で働く人の意識に及ぼす影響に関する調査（働く人の意識調査）」によると、緊急事態宣言下の５月時点でテレワークを実施していた人は31.5％でした。この調査では職種別の実施率が出ており、管理的、専門的・技術的、事務的な仕事などでは半数近くの方が経験したことになります**（図１－３）**。「もっと前から行っていました」という方もいらっしゃるでし

図表１－３　テレワーク実施率の推移（職種別）

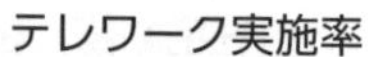

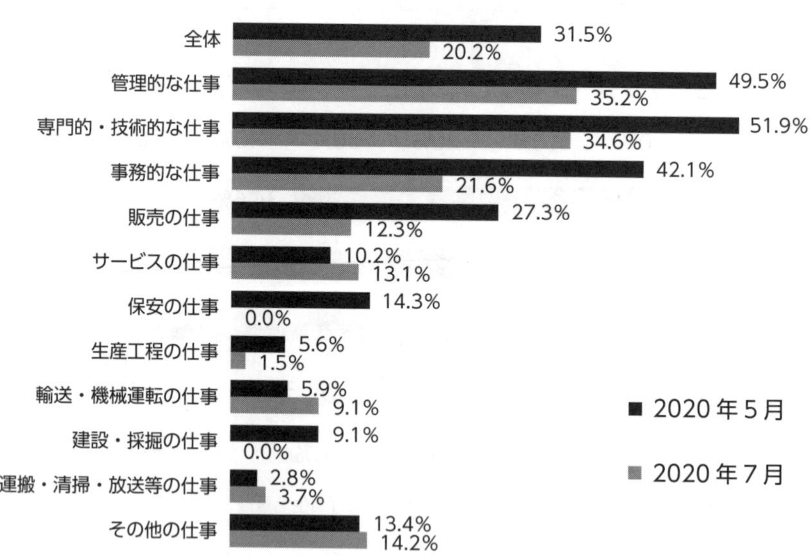

出典：（公財）日本生産性本部「第２回働く人の意識に関する調査」を基に作成

ょうが、COVID－19の拡大が一つの契機となったことは間違いなさそうです。

宣言解除後の７月にテレワーク実施率は20.2%へ減少しているとはいえ、継続している方（職種）も一定数いることが分かります。また、同調査では、テレワークを経験した人のうち、コロナ禍の収束後もテレワークを行いたい人の割合は75.6%（「そう思う」27.9%、「どちらかと言えばそう思う」47.7%）に上っており、他の多くの調査でも同様の結果が見られます。

７月に入って陽性者が再び大きく増加に転じたこともあり、厚生労働大臣や東京都知事が経済団体等に対して改めてテレワークの推進を要請する動きもありました。独立行政法人労働政策研究・研修機構のレポート「テレワークは今後も定着していくか？　生産性の高いテレワーク実現に向けた方策提言」では、COVID－19の影響でテレワークを開始した企業の39.6%が、「今後さらにテレワークの本格運用を進める」と回答しています。本書の特別寄稿で大阪成蹊大学の山崎哲弘先生が人事担当者の話として述べているように、今後テレワークが実施されなくなることはなく、おそらく継続・定着・発展していくものと思われます。次章では、「新しい働き方」といえるテレワークの影響や課題について見ていきましょう。

2 テレワークの課題と様々な影響

こうした流れの中、在宅勤務を導入した企業、経験した労働者の方々は、働き方の変化に戸惑いながら、在宅勤務のメリットと共に様々な課題も感じられたものと思います。筆者は、働く方々の相談を受けるEAP相談室に勤務しています。緊急事態宣言以降、実際に在宅勤務に関する相談も数多く寄せられました。また、当社自体も在宅勤務を経験する中で、スタッフ、管理職共に様々な難しさや課題を実感しました。

今回、初めてテレワークを経験された時には、自宅で仕事ができてしまうことにちょっとドキドキ、定時後はPCの電源を落とすや否や家で好きなことができることにワクワク！　新たな状況がもたらす新たな体験に、何やら心躍る部分もあったのではないでしょうか。

テレワークの大きなメリットのひとつが、通勤時間の消滅です。総務省などの調査では、一日の平均通勤時間（往復）は、ひとり当たり80分弱、東京圏に限ると102分とされています。さらに残業も減ったとなれば、出勤を在宅に切り替えれば毎日数時間が「浮く」こととなりますので、継続を望む声が過半を占めるのも不思議ではありません**（図表1－4）**。

図表1－4　通勤時間がなくなると……（時間配分の例）

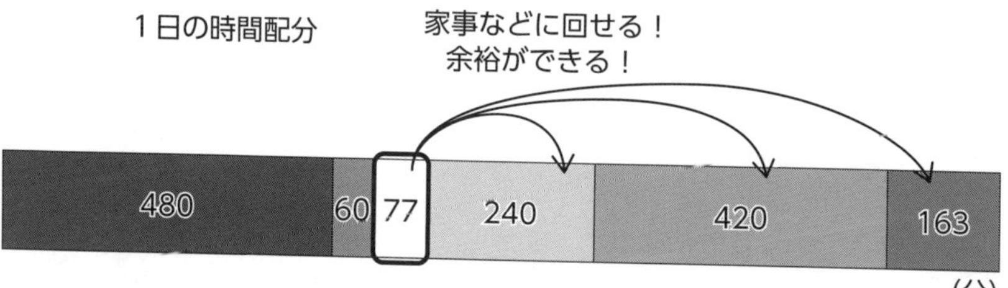

通勤時間の減少や外出自粛により、自宅で過ごす時間、家族と過ごす時間が増えました。このことは、一人一人の労働者にとって、仕事と家庭生活の注力度、いわゆるワークライフバランスや自分のキャリアを考える大きな契

機となったようです。内閣府による調査では、新型コロナウイルス感染症の影響による生活意識の変化を聞いており、「(仕事と比べて) 生活を重視するように変化した」との回答が50%を占めていました。テレワークを経験していない人も対象には含まれていますが、社会全体の動きとして「生活重視」の流れが一層進むことが予想されます。

図表1－5　COVID－19による生活意識の変化

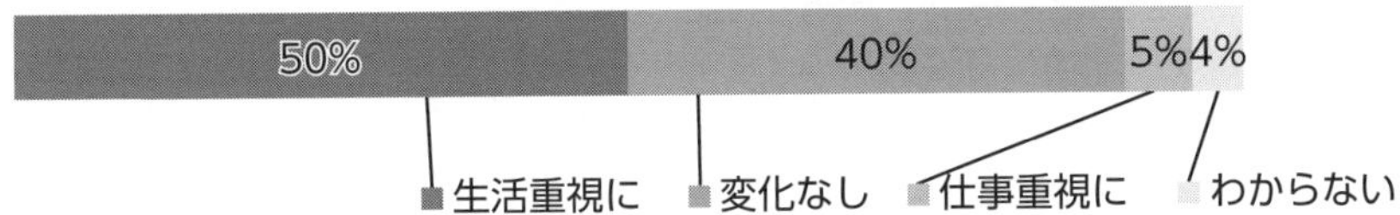

出典：内閣府「新型コロナウイルス感染症の影響下における生活意識・行動の変化に関する調査」(2020) を基に作成

一方で、テレワークには、仕事を進める上でのやりづらさ、デメリットを感じる部分もありました **(図表1－6、7)**。EAPでの相談者の声とも重なりますが、社内外でのコミュニケーションや保管されている資料やデータの閲覧利用、自宅の通信環境、机や椅子などの物理的環境、情報セキュリティなどに課題を感じた方も多かったようです。コミュニケーションと一口に言っても、挨拶、説明、アイデア出し、意思決定、感情の共有や息抜きなど様々な目的があり、複合的な対策が必要なのでしょう。

図表1－6　テレワークで不便な点

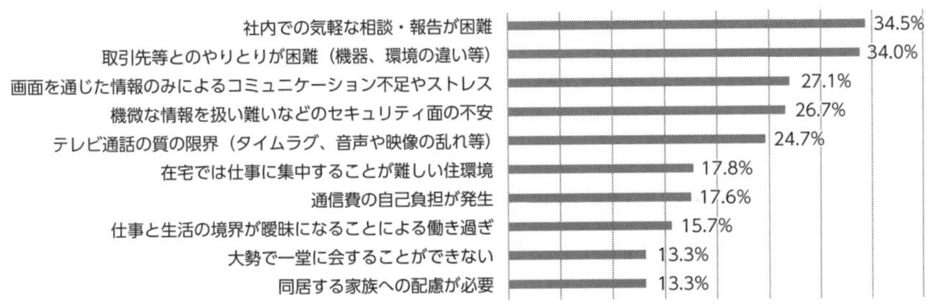

図表１－７　テレワークで工夫が必要な点

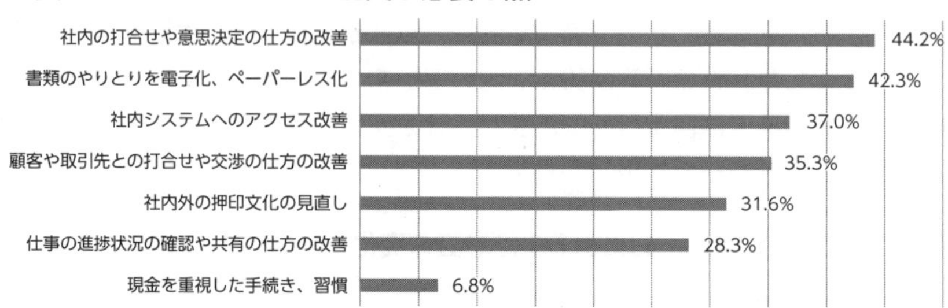

出典：（１－６、７）内閣府「新型コロナウイルス感染症の影響下における生活意識・行動の変化に関する調査」（2020）を基に作成

図表１－８は、相談者から寄せられた声のうち、健康やコミュニケーションにかかわる部分を簡単にまとめたものですが、メリットとデメリットは表裏一体、同じ状況が人や程度により効果が異なる部分もありそうです。

図表１－８　テレワークのメリットとデメリット

メリット	デメリット？
・家の外に出なくてよい ・通勤や準備の時間をほかに使える ・上司や同僚に会わずにすむ ・自分の作業に集中できる ・終業後すぐに家事などができる	・運動不足で腰が痛い… ・ついギリギリまで寝てしまう… ・相談や雑談ができない… ・集中しすぎて疲れる… ・就業中に家事育児に割り込まれる…

さて、多くの企業では今年急速にテレワークを導入したため、こうした様々な課題に一気に直面することになりましたが、企業や個人が慣れれば課題は解消するのでしょうか。**図表１－９**は、テレワークを以前から実施していた企業と、COVID－19の影響で初めて行った企業で、管理職が課題を感じる割合を比較したものです。労務・業務管理や評価などに関しては、以前から実施している企業の割合が低くなっています。元々そうした管理が行いやすい企業だったために早期に導入できていたのかもしれませんし、実施する中で制度が整い運用が確立し、慣れていったのかもしれません。ここは読み方がやや難しく感じます。一方で、社内のコミュニケーションに関しては

課題と感じる方の割合はあまり変わらず、健康維持やメンタルヘルスに関しては、むしろ長く行っている企業の管理職のほうが課題を感じています。長期化に伴って顕在化したり、解決や慣れが難しい領域といえるかもしれません。

図表１－９　テレワークで管理職が課題と感じる点

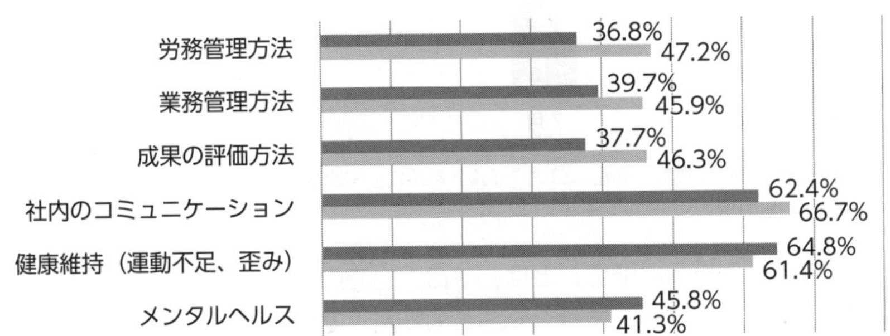

出典：（一社）日本能率協会「新型コロナウイルス感染症に関連するビジネスパーソン意識調査結果」を基に作成

また、先述の日本生産性本部の調査では、「勤め先への信頼度」が、５月から７月の間で6.1ポイント低下していました（**図表１－10**）。この背景について「勤め先への信頼の程度に最も大きな影響を与えているのは、健康への配慮であることが分かった。勤め先が健康に十分な配慮をしてくれているという実感が強いと、信頼の程度が高くなり、配慮が不十分と感じるほど、信頼の程度は低い」と分析しています。

図表１－10　勤め先への信頼度

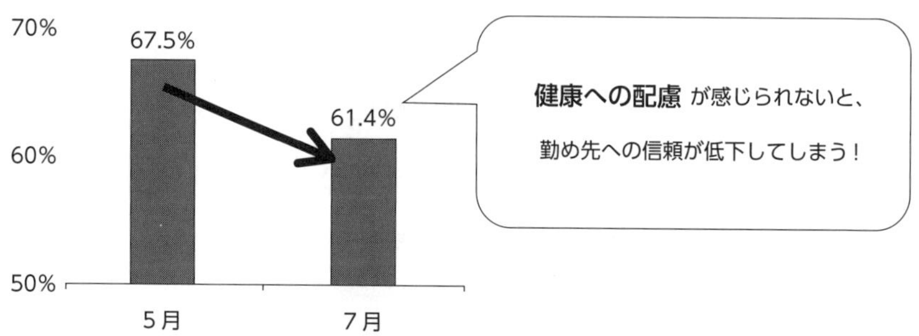

出典：（一社）日本能率協会「新型コロナウイルス感染症に関連するビジネスパーソン意識調査結果」を基に作成

ここでの「健康への配慮」とは、コロナ禍での柔軟な働き方、テレワークなどを指すようです。つまり、緊急事態宣言下でテレワークや時差出勤などの対応を行えなかった企業では、従業員の信頼感が低下していたことになります。企業にもテレワークへの適合性やICT環境など様々な事情がある中、なかなか厳しい結果です。ご存知の通り、事業者は労働契約に伴い、従業員への「安全配慮義務」を負っていますが、こうした配慮は、今や法律上の義務や契約責任を超えて行うものになってきているのです。

しかもテレワークを行ったら行ったで、健康やメンタルヘルスへの対応には、出社時以上に課題も出てくるというのですから、何とも難しい状況です。

では、実際にテレワークは業務効率や生産性を高めるのでしょうか。これについては「向上した」と感じる人や調査結果と、「低下した」と感じる人や調査結果が混在しているのが現状です。「向上した」と言っても個人の主観的な働きやすさや効率と、客観的な成果や組織全体の生産性には差があるのかもしれませんし、「低下した」のは業種・職種の特性や準備不足の影響かもしれません。令和元年度情報通信白書でもテレワークの導入やその効果に関する調査結果が概観されていますが、テレワークが生産性を高めるとは言い切れない状況にあることが示されています。

「田植歌」など世界中にある仕事歌は、神への祈りという面だけでなく、皆で歌いながらコミュニケーションを取ることで、つらい労働の意味を変える側面もあったのだと思います。「新しい働き方」の中で仲間の気持ちをケアしあい、継続的にパフォーマンスを出すためのコミュニケーション方法は、まだまだこれから皆で考えていく必要がありそうです。

また、これは当社での話ですが、テレワークを実施する際、その対象を選定する必要があるのでは、との議論がありました。結果、自宅において一人で相談を受けるには、ある程度の職務経験が必要との判断をしました。全ての業務に完璧なマニュアルを用意できる仕事なら別ですが、例えばカウンセリングのように複雑で多岐にわたる内容に対し臨機応変に総合的にかかわる仕事、育成をOJT中心に行わざるを得ない企業での人材育成は、対面でのコミュニケーション、出社して横についての指導を抜きにしては現状では成り立たないと思われます。

ただ、企業がテレワークを導入する狙いは、「労働生産性の向上」と「勤務者の通勤時間の短縮」が二本柱です。生産性の測定、評価ができる企業ではどんどん導入が進むでしょうし、そうでなくともテレワークを通して従業員のワークライフバランスへの支援を行うことで「働きやすい職場」を提供し、優秀な人材の確保を目指す企業も増えるでしょう。だからといって全ての企業が全ての仕事をテレワークにはおそらくできず、また全ての人が必ずしもテレワークを希望するとも思えません。

調査結果や相談者の声からは、テレワークをする・しないを超えて、従業員に安全や健康、成長や充実を提供できる職場・企業が求められているようにも感じます。企業が従業員ひとりひとりを公正に大切に扱い、従業員ひとりひとりが企業を信頼してその持てる力を存分に発揮する。そうした相互信頼とでも呼べる関係こそ、「新しい働き方」なのかもしれません。

パワハラ防止法制化の背景

さて、緊急事態宣言の解除から約１週間後の６月１日、企業にパワーハラスメントの防止対策を義務付ける「労働施策総合推進法」等、いわゆるパワハラ防止法が施行されました。ここではその背景を振り返ってみます。

「パワーハラスメント（パワハラ）」という言葉は、2001年に株式会社クオレ・シー・キューブの岡田康子さんが出した書籍が初出と言われています。それまでハラスメントといえば、セクシュアルハラスメント（セクハラ）が中心でした。セクハラは、1997年に男女雇用機会均等法が改正（施行は1999年）され、「事業主は、職場において行われる性的な言動に対するその雇用する労働者の対応により当該労働者がその労働条件につき不利益を受け、又は当該性的な言動により当該労働者の就業環境が害されることのないよう、当該労働者からの相談に応じ、適切に対応するために必要な体制の整備その他の雇用管理上必要な措置を講じなければならない。（第11条）」と規定されたことで、日本社会で認識が広まりました。

定義の中に、「就業環境が害される」との文言があります。ある人の性的な言動によって、同じ職場で働く誰かが働きづらくなる、言い換えれば、自分らしく働く権利を不当に侵害されることこそが問題の本質であるとされたわけです。となりますと、「職場のハラスメントって性的な言動だけじゃないよね」「いじめや暴言、人格を否定するような言動も、傷つくし怖いよね」との流れが生まれ、職場のメンタルヘルス問題の予防に向けた取組みとしても、存在感が大きくなっていきました。

とはいえ、パワハラは長らく直接的に法律で規定はされていませんでした。いわゆる「下ネタ」や身体を触る、性交渉を強要するなどのセクハラは、本来、職場で行う必要がないことが比較的明確で、職場から排除しやすい行為とも言えます。しかしそれでも、「男性が女性のプライベートを尋ねると全てセクハラ」「嫌いな人からの挨拶はセクハラ」などといった誤解や混乱は、

図表1－6　パワハラ防止法制化までの流れ

1999年	セクハラ対策が企業の義務に
	ほかにもあるよね？
2001年	「パワーハラスメント」ってどう？
	法律にはしづらい？
2000年代	職場のいじめ等による自殺の労災認定判決の続発
2011年	厚生労働省のワーキンググループが「パワハラ」を定義
2020年	パワハラ対策が企業の義務に

法施行から20年以上経った今でも存在しています。

一方のパワハラはどうでしょう。言い方や言葉遣いは千差万別であったとしても、上司や先輩から一度も注意や指導を受けたことがない方はいらっしゃらないと思います。業務に関連した注意指導や、必要な業務指示とパワハラとの線引きの難しさは誰しも感じるところでしょうから、法律で規定するとなるとセクハラ以上の混乱が容易に想像できます。そんなこともあってか、職場のパワハラ対策が企業の義務となるには、20年の歳月を要しました。

この20年の間には、精神疾患に罹患した労働者やその遺族が、自殺や精神疾患の労災認定を求める訴訟が複数起こり、上司のいじめが原因の労働災害であるとの判決が出されてきました。2008年には、「上司の『いじめ』による精神障害等の業務上外の認定について」が厚生労働省から出され、この時期から、いじめ等に関する労災の申請や認定、労働相談窓口への相談数がさらに増加しました。

図表１－12　職場の「いじめ・嫌がらせ」に関する相談数と労災認定数

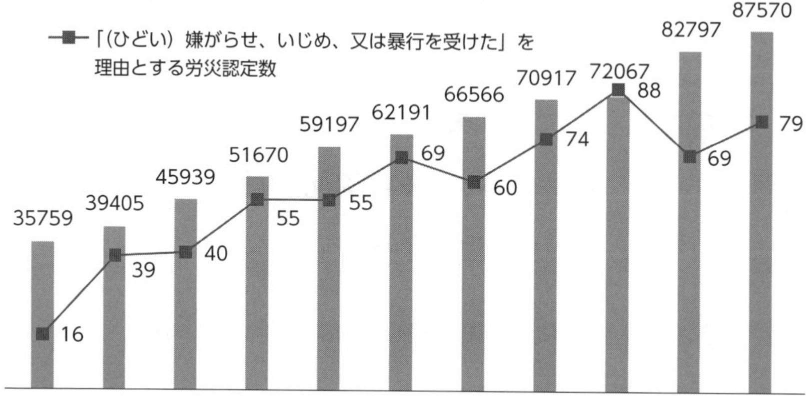

出典：厚生労働省ウェブサイトを基に筆者作成

こうした中で、厚生労働省は2011年に「職場のいじめ・嫌がらせ問題に関する円卓会議ワーキング・グループ」を開催、労使が予防・解決に取り組むべき行為としてパワーハラスメントの定義および６つの行為類型を整理しました。この定義や行為類型は、今般のパワハラ防止法やパワハラ防止指針にも活かされています。

近年では、働き方改革実現会議が2017年に決定した「働き方改革実行計画」において、「職場のパワーハラスメント防止を強化するため、政府は労使関係者を交えた場で対策の検討を行う」とされました。

その後、自殺対策基本法に基づく「自殺総合対策大綱（2017年）」においても、勤務問題による自殺対策をさらに推進する方策として「ハラスメント防止対策」が挙げられました。さらに、過労死等防止対策推進法に基づく「過労死等の防止のための対策に関する大綱（2018年）」では、国が取り組む重点対策として「職場のパワーハラスメントの予防・解決のための周知・啓発の実施」が挙げられると共に、事業主の取組みとして、年次有給休暇の取得促進、メンタルヘルス対策などと共に「パワーハラスメントの予防・解決に向けた取組等」を推進するよう努めるものとされました。

図表１－13　パワハラ対策の目的

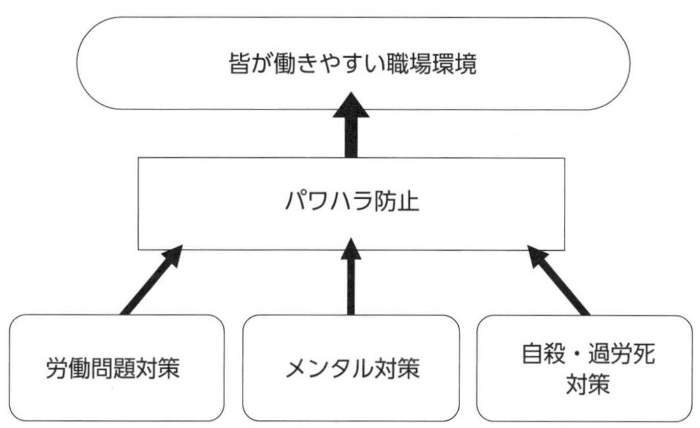

過労死等の定義には、業務における強い心理的負荷による精神障害を原因とする自殺による死亡も含まれるため、ふたつの大綱は自然と類似しますが、今や職場のパワハラの防止は、国を挙げて取り組む課題となっており、その目的は、「誰しもが働きやすい職場を作る」ことにあるといえるでしょう。

2

パワハラの定義と法制化の内容

1 法改正の内容

では、パワハラ防止法（労働施策総合推進法）の成立により、これまでと何が変わったのでしょうか。まず当然ながら、職場のパワハラ防止に向けた対策が企業の義務となったことが何よりのポイントです（大企業は2020年6月1日から、中小企業は2022年4月1日から）。

ポイント1

職場のパワハラ防止のための措置が義務（是正指導の対象）に

□　事業主によるパワハラ防止の社内方針の明確化と周知・啓発

□　苦情などに対する相談体制の整備

□　事後の迅速かつ適切な対応

・被害を受けた労働者へのケアや再発防止

・行為者に対する措置

・再発防止に向けた措置

措置の具体的内容は、パワハラ防止指針（事業主が職場における優越的な関係を背景とした言動に起因する問題に関して雇用管理上講ずべき措置等についての指針、以下指針）にまとめられています。基本的には、これまでのセクハラ対策の枠組みに準じた対応となっていますが、事業主と労働者それぞれに、自らの言動に注意することが努力義務とされ、他社の労働者や求職者などへの言動も含めて気を付けること、とされました。

ポイント2

事業主と労働者のすべきこと

□　事業主の責務（努力義務）

・事業主やその役員は、自らも、パワーハラスメント問題に対する関心と理解を深め、労働者（他社の労働者や求職者含む）に対する言

動に必要な注意を払う

□　労働者の責務（努力義務）

・労働者は、パワーハラスメント問題に対する関心と理解を深め、他の労働者に対する言動に必要な注意を払うとともに、事業主の講ずる措置に協力する

加えて、パワハラはセクハラよりも業務の延長線上で起きやすいという特徴から、以下の取組みを行うことが望ましいとされています。ここは、パワハラ対策の特徴といってよいかと思います。

ポイント3

パワハラの原因や背景となる要因解消に向けた望ましい取組み

□　コミュニケーションの活性化や円滑化のために必要な研修等の取組み

・日常的なコミュニケーション、定期的な面談やミーティングなどによりコミュニケーションの活性化を図る

・感情のコントロール、コミュニケーションスキル、マネジメントや指導についての研修などを行う

□　適正な業務目標の設定等の職場環境の改善のための取組み

感情をコントロールすることで怒りやイライラに任せた不適切な言動を防ぎ、相手の思いを聴いたり納得感につながるように伝えたりすることで部下や後輩を適切にマネジメントし育てていく。そうした力が、管理職には求められているといえます。

また、男女雇用機会均等法や育児介護休業法も同時に改正されており、セクハラ対策の実効性向上も図られています。具体的には、自社内に限定した問題対応に留まらず、他社社員からハラスメントを受けた自社社員の相談に応じること、他社からの調査依頼に応じるよう努めることとされました。

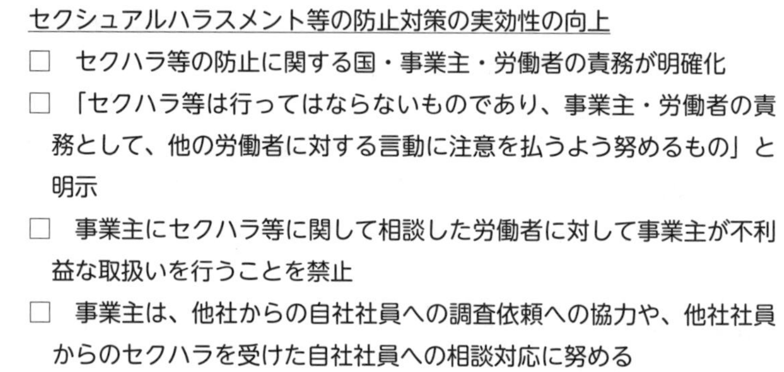

ポイント４

セクシュアルハラスメント等の防止対策の実効性の向上

- □　セクハラ等の防止に関する国・事業主・労働者の責務が明確化
- □「セクハラ等は行ってはならないものであり、事業主・労働者の責務として、他の労働者に対する言動に注意を払うよう努めるもの」と明示
- □　事業主にセクハラ等に関して相談した労働者に対して事業主が不利益な取扱いを行うことを禁止
- □　事業主は、他社からの自社社員への調査依頼への協力や、他社社員からのセクハラを受けた自社社員への相談対応に努める

セクハラであろうとパワハラであろうと、ハラスメントは優越的な関係を背景に起こるものです。例えば派遣社員の方は、「被害を訴えると、派遣契約を終了されるのでは」という不安があります。正社員でも「問題社員と見られたくない」との感覚はあると思いますが、派遣社員のほうが一般的にそうした傾向は強いでしょう。そうすると、何か嫌だと感じることがあったとしても、それを相手に伝えることはより難しく感じられます。ここにひとつの「優越的な関係」があるわけです。

派遣社員の方が「イヤ」と言わないのをよいことに、相手は「嫌がってない」と不適当な言動を繰り返し、エスカレートしていくのはよくある話。こうした状況に対し「ハラスメント被害を訴え出たことを理由とした契約の終了（不利益取扱い）は違法」と明確化することで、派遣社員の方も自分の働く環境を自分で守り、心身の健康を維持するためのアクション（＝周囲や窓口への相談）を取りやすくすることを狙っています。行為者による報復の禁止と事業者による不利益取扱いを行わない旨の周知は、各社内でしっかりと行っていただきたいと思います。

図表２－１　パワハラ防止法が目指す悪循環の断ち切り

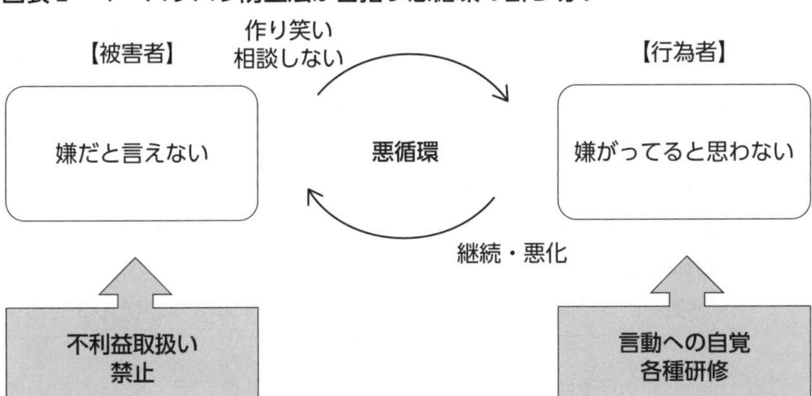

2 パワハラの定義

「労働施策総合推進法」により、パワハラは以下のように定義されました。

> **職場**において行われる、以下の3つの要素をすべて満たす行為
> ① **優越的な**関係を背景とした
> ② 業務上**必要かつ相当な範囲**を超えた言動により
> ③ **就業環境を害する**こと
> (身体的若しくは精神的な苦痛を与えること)
> ※客観的に見て適正な範囲の業務指示や指導はパワハラに当たりません

ご覧の通り3つの条件が挙げられており、その3条件を全て満たすものを「パワーハラスメント」としています。少し細かく見ていきましょう。

職場

職場とは、物理的な「会社の中」だけではありません。セクハラを中心とした裁判例からは、以下のような場所や状況も「職場の延長線上」と考えられる場合があります。

- 営業車の中
- 出張先
- 顧客、営業先との打合せ
- 懇親会(宴会)
- 二次会
- 接待、ゴルフ場
- 終業後、休日
- メール、SNS

会社行事としてのパーティや慰安旅行、歓送迎会などに留まらず、参加人数や参加の任意性によってはいわゆる二次会も職場と見なされる(ハラスメントが成立する)ことがあります。また近年では、接待の場での取引先からのハラスメント行為に上司が適切に対処しなかったことが問題となった事案や、終業後や休日のメールやSNSがハラスメントの証拠として提出された事案もありました。会社の建物を離れても、職場での関係性が影響する範囲であれば「職場」と見なされると考えておいたほうがよさそうです。

優越的な関係

ハラスメントとは、優越的な立場にある人が行うもの、つまり力の強い人が力の弱い人に対して行うものです。ハラスメントの行為者となる人は上司や先輩が多いのが実状ですが、ここでいう「力」とは、職権や職位に基づくものだけではなく、ハラスメントは以下のような様々な関係で起こり得ます。

図表2－2　どちらも優越的な立場となりうる

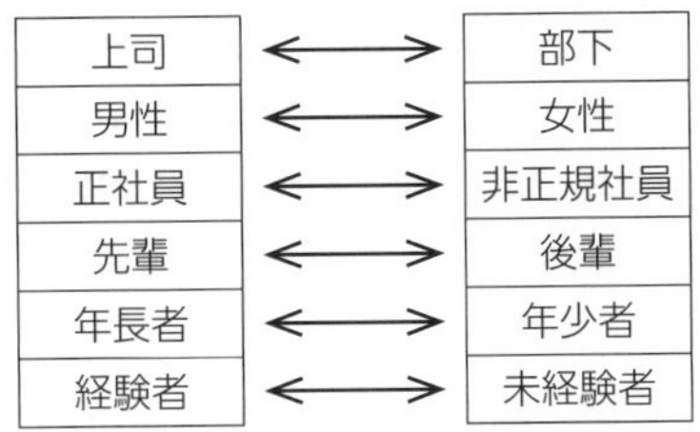

特殊なスキルを持っていたり職場のエースと言われたりする社員や、上級管理職の覚えがめでたい社員は、ある意味で上司を凌ぐ力を持っていることがあります。現場歴の長いパート社員の機嫌を損ねることを恐れる新任店長は少なくありません。上司が適切な指導をしないがゆえに部下の「口さがなさ」が増長し、上司や特定の同僚を皆で下に見る雰囲気が生じることもあります。パソコンやSNSが苦手な上司を物笑いの種にしていないでしょうか？　本人に聞こえる場所で悪口を言っていないでしょうか？　その強気の背景には、知識や経験、政治力、数の力などに基づく心理的優位性があるかもしれません。

管理職以外の全ての人が、自分のパワーを自覚し、誰かを下に見た行動を取っていないか自問することが大切なのだと思います。もちろん、管理職は、個人の性格や部下への接し方にかかわらず、自分で思う以上に自分の「力」が部下には強く感じられている可能性を知っておくべきでしょう。

必要かつ相当な範囲

定義の中で、客観的に見て適正な範囲の業務指示や指導はパワハラに当たらないと敢えて記載されており、ここは実務上も非常に重要です。「必要かつ相当な範囲」を超えた言動の例として、パワハラ防止指針で以下が挙げられています。

・業務上明らかに必要性のない言動
・業務の目的を大きく逸脱した言動
・業務を遂行するための手段として不適当な言動
・当該行為の回数、行為者の数等、その態様や手段が社会通念に照らして許容される範囲を超える言動

危険作業もないのに結婚指輪を外せと強要する行為や、プライベートで限定商品の購入のために行列に並ばせる、食事代や遊興費を出させる行為は、「それ仕事に関係（必要）ありますか？」という要件をクリアできません。

また、業務指導と称して炎天下で草むしりをさせるとか、同じ反省文を100枚書かせる、過去の失敗を何度も何度も同僚の前でネチネチ責めるなどは、「それで、相手は『できる』ようになりますか？」で引っかかるでしょう。どんな行為でも業務指導という名目を掲げれば「必要性はある！」と言えてしまうかもしれませんが、世間一般が「そのやり方はダメでしょ」と言うものであれば、それは「相当ではない」となるわけです。

自分の課題や欠点の認識は成長の要素になりえます。しかし、入社時研修で連日自分の人格を否定する発言を強要される、職場で毎日何時間も叱責される、「考えろ」と言いつつ発言を全て否定されるなどは、「アウト」つまり、必要かつ相当な範囲から外れることが濃厚でしょう。必要性と相当性の違いや、どの程度なら相当かという線引きは必ずしも常に明確とは言えませんが、自分の常識、会社の常識だけで考えるのではなく、世間の感覚にもセンサー

を働かせておく必要がありそうです。

就業環境を害する

パワハラ防止指針（以下、指針）では、「当該言動により労働者が身体的又は精神的に苦痛を与えられ、労働者の就業環境が不快なものとなったため、能力の発揮に重大な悪影響が生じる等当該労働者が就業する上で看過できない程度の支障が生じることを指す」とされています（下線は筆者）。そして、この判断は「平均的な労働者の感じ方」を基準とすることが適当とされています。

図表２－３　被害の認定の流れと基準

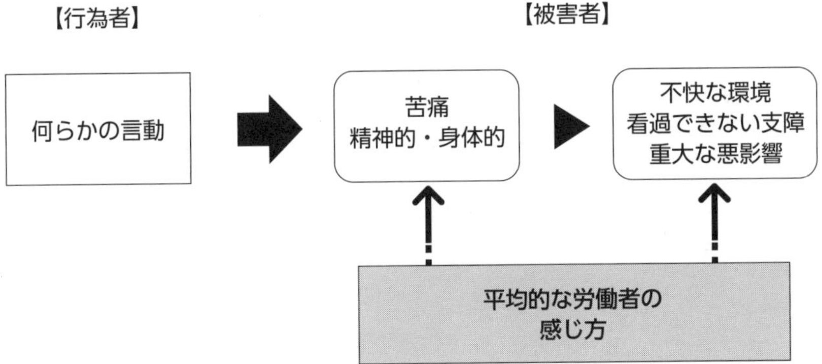

「イヤだ」「つらい」と感じた行動が全てパワハラに当たるわけではありません。「やりたくない仕事の押し付けはパワハラ」「頑張れと言われるとつらいのでパワハラ」などといった主張は通らないだろうと言うことです。

ただ同時に、参議院の附帯決議で「労働者の主観にも配慮し」と追記されており、関西風に言えば「どっちやねん!?」と感じるかもしれません。ここはもう読み方かもしれませんが、行為者に何らかの処分を含めた対応を取る必要がある「パワーハラスメント」か否かの判断基準は平均的な労働者の感じ方（それくらい普通じゃない？）として公平性を担保しつつ、「イヤだ、つらい」と感じるその気持ち自体は無下にせず傾聴・受容するとか、可能であれば少し言い方に気を付けてもらうなどの穏当な対応の検討などはしてあげてね、というメッセージかな、と筆者は考えています。

3 パワハラの行為類型

厚労省の「職場のいじめ・嫌がらせ問題に関する円卓会議」（2011年）の提言で、パワハラは６つのタイプ（類型）に分けられました。今般の指針では、この６類型それぞれに「該当する例・しない例」が併記されています。行為者の言動を会社や裁判所にパワハラだと認めてもらうのに苦労してきた労働者側からすれば、該当しない例は、行為者や会社側の言い訳に使われるとの危惧を持つと思います。「ぶつかったのはわざとじゃない」「殴ったのではなく危険回避のために体を押した」等々。一方、労働者からの様々な訴えに対応してきた会社側からすれば、あれもこれも全部パワハラと言ってこられたら対応コストが膨大になりますし、詳しく聞き取るとコミュニケーション不足に基づく誤解が判明した事案も少なからずあったでしょうから、「パワハラに当たらない行為の例」もあったほうが、お互いの正確な認識と誤解の解消に有用と考えてもおかしくありません。

何らかの訴えが社員からあった際、まずは相談窓口を通して会社内でパワハラか否かを判断することになります。そうした判断に携わる方は、「該当しない例」の考え方には特に注意し、安易な「言い訳」には使わないようにしましょう。

安易な否定は危険!?

精神障害の労災認定基準（業務による心理的負荷評価表）

パワーハラスメント、セクシュアルハラスメントを受けた後、

□　会社に相談しても適切な対応がなく、改善されなかった場合

□　会社への相談の後に職場の人間関係が悪化した場合

などには、心理的負荷の度合いが高まる（労災認定されやすくなる）

ここからは、各分類の詳細を見ていきましょう。

図表2－4　1）身体的な攻撃（指針より）

分類	該当する例	該当しない例
1）身体的な攻撃 （暴行・傷害）	・殴打、足蹴りを行う ・相手に物を投げつける	・誤ってぶつかる

まず、職場では人を殴ったり蹴ったりしてはいけません。「当然でしょ」と思ってくださった方の部下は幸せです。でも、少人数の営業所など他人の目が届にくい現場では、頭をはたく、小突く、軽く蹴る、襟首をつかむ、髪を引っ張るといった行為が繰り返され、周りで見ている後輩や派遣社員は何も言えず……といった事例は実際にまだ存在します。

加えて気を付けたいのは、身体接触がなくても身体的な攻撃に該当しうる点です。物を投げつける、机を叩いて大きな音を出す、ロッカーを殴る、椅子を蹴るなどをされると、怖いですよね。こうした威嚇行為は、たとえ直接の怪我はしなくとも恐怖を与えるという意味で身体的な攻撃に該当しえます。書類を投げつけるのもダメですね。ただし、工場などで事故や怪我を防ぐために緊急的に腕をつかんで動きを止めた場合などは、「必要かつ相当」と判断される可能性はあると思われます。

図表2－5　2）精神的な攻撃（指針より）

分類	該当する例	該当しない例
2）精神的な攻撃 （脅迫・名誉棄損・侮辱・ひどい暴言）	・人格否定 （性指向、性自認などへの言動も含む） ・長時間の厳しい叱責の繰り返し ・他者の前での大声での威圧的な叱責を繰り返す ・否定的侮蔑的な電子メール等を複数の人に見える形で送る	・遅刻など社会的ルールを欠いた言動が見られ、再三注意してもそれが改善されない時に一定程度強く注意をする ・業務の内容や性質等に照らして重大な問題行動を行った労働者に対して、一定程度強く注意をする

パワハラに関する相談や、労災認定された事案の内容で最も多いのが、精神的な攻撃です。言葉による攻撃と言い換えてもよいかと思います。注意や指導は相手の「行動」に対して行うもので、目に見えない人格や根性などに言及されても、相手はどう行動すればよいかが分かりません。名目は指導でも、精神論の繰り返しやダメ出しばかりでは方法として妥当とは言えないでしょう。また、たとえ行動や事実への言及に留まっていても、衆目の中、大声で注意されると恥をかかされた（名誉棄損）と感じるものと思います。注意指導の際には、「行動に焦点を絞ること」「名誉感情に配慮すること」がパワハラ回避の大きなポイントと言えます。

なお、「該当しない例」には、「厳しい注意指導を行うことはアリ」とのニュアンスで書かれていますが、「こういう時は人格否定等をしてもいいよ！」ということではありません。あくまで会社の懲戒権を認めるものであったり、「何度注意しても同じ問題行動を繰り返されたら、時には腹が立って口調が厳しくなるのも分からないではない。背景や経緯も踏まえた判断が必要」との意味合いと考えられます。

図表２－６　3）人間関係からの切り離しの例（指針より）

分類	該当する例	該当しない例
3）人間関係からの切り離し （隔離・仲間外し・無視）	・合理性のない長期間の別室隔離や自宅研修 ・集団で無視するなど、職場で孤立させる	・新規採用者への集中的な研修 ・懲戒処分等の一環で行われる一次的な別室勤務

合理的な理由なく、特定の社員だけを会議や研修に参加させない、他の人とコミュニケーションが取れないデスク配置にする、仕事に関係する情報を渡さない、仕事で利用するSNSグループで無視する、などといった行為がこれに当たります。一方、会議や研修に全員同時に参加すると顧客対応が止まってしまうために交替で留守番を置き、議事録や資料の配布は遅滞なく行っているといった方法は合理性があるといえるでしょう。

ただ、実務上難しいのが、攻撃的な性格の社員がいる際などに、他の社員を守るためにその方を端の方の座席配置にせざるを得ないケースもあるという点です。周囲もいちいち嫌味や文句を言われるのが嫌なのでメールやSNS 等で反応しづらかったり、それが気まずいので対面でも目を逸らしてしまったりして、結果的に何となくその人が浮いてしまうような状況も起こりがちです。職場には様々な方がいますし、友達作りが企業の目的ではありませんから、人間関係上で多少の軋轢があるのは自然なことですが、「元は本人の問題じゃない？」という場合でも、「距離を取る」という周囲の自衛手段が無視や孤立といった状況を生み出すまでには至らないよう、管理職は注意しておく必要があると言えます。

図表 2 － 7　4）過大な要求の例（指針より）

分類	該当する例	該当しない例
4）過大な要求 （業務上明らかに不要なことや遂行不可能なことの強制・仕事の妨害）	①業務に関係のない作業 ・肉体的苦痛を伴う過酷な環境での長期にわたる作業 ・私的な雑用の処理 ②到底対応できない目標の未達に対する厳しい叱責	・繁忙期に業務が増えることや、育成のために少し高い質や量の業務を与えること ・その場合でも、適切な教育やサポートがあることが望ましい

「（真夏に）工場内の雑草を今日中に全部抜け。終わるまで水飲むなよ」「土曜までに俺の確定申告用の経費をまとめろ。領収証はこれ」「この数字は嘘でいいからこう書いとけ」など、業務に関係のない作業や違法な作業を強要したり、明らかに「それは無理でしょう」という目標を設定し、ろくにサポートもせず「できてない！」と責め立てる状況などがこれに当たります。

新入社員をはじめ様々な方が被害者になりそうですが、キャリア入社（中途採用）の方は、こうした状況がより起こりやすいかもしれません。たとえ類似の経験があってもその会社でのその仕事は初めてなわけですが、「即戦力でしょ、お手並み拝見」とばかり、顧客情報や社内情報もろくに伝えず過度に高い成果を求めるような状況は、リスクが高いかもしれません。

ただ、教育して周囲もサポートしていたつもりだが、本人の能力的に、結果として過度の負担となり体調を崩すという状況は珍しくないと思います。これらは「教育せず」「到底到達できない業務目標」「厳しい叱責」には当たらないでしょう。部下の体調不良は避けたいところですが、仕事の負荷の影響があったとしてもそれらが全て「過大な要求」とは言えないと思います。

図表2－8　5）過小な要求の例（指針より）

分類	該当する例	該当しない例
5）過小な要求 （業務上の合理性なく能力や経験とかけ離れた程度の低い仕事を命じることや仕事を与えない）	①退職を目的に過度に簡便、少ない業務しか行わせない ②嫌がらせのために仕事を与えない	・労働者の能力や体調、家庭環境などに応じた一定程度の業務内容や業務量の軽減

元営業部長を退職させるために、会社の受付に座らせ顔見知りの顧客の目にさらして恥をかかせる、「君に与える仕事は無い」と仕事を与えず「仕事をしてない！」と責め立てるなどが過小な要求に当たります。

ただこれも、例えば管理職を降格になるには合理的な理由があるわけで、その理由がために業務を与えにくい状況はありえます。具体的には、パワハラが認定された管理職を降格させて別業務につかせる場合に、どんな業務を与えるかは非常に悩ましく感じられます。「合理的理由」があるかどうかがポイントですので、「悪質なパワハラをした＝マネジメント能力が低い」としてマネジメント業務から外す（部下がいない状況にする）というのは企業でもよくある対応で説明がつきます。しかし、これがもし「一切何の業務もさせない」となると、過度の罰というか、過小な要求に当たりそうです。

業務の割り当ては本人の納得感も大切になってくるでしょうから、家庭の負担や本人の体調不良などで一定期間の業務軽減を配慮として行う場合でも、その内容や期間を本人としっかり話し合って決めましょう。加えて、上司としての期待や思いも言葉にして伝えることで、つい対応が行き過ぎてハラスメント化するリスクを下げるだけでなく、本人の自信低下や見捨てられ感を軽減する効果もあると考えられます。

図表2－9　6）個の侵害の例（指針より）

分類	該当する例	該当しない例
6）個の侵害 （私的なことに過度に立ち入る）	①職場外の行動の監視、私物の撮影など ②機微な個人情報の暴露 ・性的指向、性自認、病歴や各種治療等	・配慮を目的とした家族の状況等のヒアリング ・労働者の了解を得て、関係者に情報を伝えて配慮を促すこと

プライバシーの侵害、私的な時間や関係性への口出しなどを含むと考えられ、セクハラと重複する類型と言えます。しかし「個の侵害」は性的な話題に限ったものではありません。終業後に「いま何してる？」「早く寝ないとダメだよ」などと日々会社の人から言われると、自宅にいても気が休まりません。また、自分の家族や友人の悪口を言われたり、付き合い方を改めるように言われたりすると、（たとえそれが適切な助言であったとしても）「関係ないでしょ」と思うものではないでしょうか。これはまさに、プライベートの時間や関係性に侵入されていることを示す不快感といえます。また、「婚活パーティ行ってる」「妊活中らしい」「抗うつ薬を飲んでいる」などと、他者の秘密を無断で暴露することもこの類型に当たります。

一方、病気や介護などの家族問題がある場合に状況を確認するとか、結婚した方に「妊娠初期の無理は厳禁。そうした状況になったら早めに教えて」などと伝えることは「配慮を目的に」している限り問題はないでしょう。ただ、それを毎月毎週「どう？　まだ？」と聞いていれば、それは妥当な範囲を超えた個人的興味と見なされる確率が高そうです。このあたりも程度問題、大多数が聞いて納得できる説明ができるかがやはり大切に思います。

また昨今、スマホ等でSNSのメッセージ機能を、仕事に使うことも増えてきました。終業後や休日でも連絡が取りやすくなってしまったがゆえに、「忘れないうちに」とつい気軽に声をかけたくなるかもしれませんが、それは相手のプライベートな時間へ割り込むことになります。そうした行為には個の侵害というリスクもあることを認識しておきましょう。

今、厚生労働省のウェブサイト「新型コロナウイルスに関するQ&A（企業の方向け）」には、以下のような記載があります。

> 新型コロナウイルスに関連したいじめ・嫌がらせ等は、あってはならないものです。例えば、過去に新型コロナウイルスに感染したことを理由として、人格を否定するような言動を行うこと、一人の労働者に対して同僚が集団で無視をし職場で孤立させること等は、職場におけるパワー・ハラスメントに該当する場合があります。

COVID－19の流行という、人に不安や恐怖を呼び起こすような状況は、私たちを知らず知らず攻撃的にしてしまうのかもしれません。また、そもそもハラスメントは、上司と部下のコミュニケーションが少ない職場で起こりやすいとの調査もあります。テレワークや三密回避のために上司・部下、同僚等との交流が減っている現状は、そこにも重なりますので、ハラスメント問題は、COVID－19問題からもテレワークからも影響を受けると考えられます。法制化に加えてこうした条件が重なっている今がまさに、働く人それぞれが自らの言動や職場の様子を省みるべき時期といえるかと思います。

3

事例で分かる
問題とその対処法
～上司と部下の
ラインケア編～

第3章、第4章では、私どもEAP相談室に寄せられるマネジメント層、従業員、ご家族等からの相談や、EAP業務を通した人事労務・人材開発担当者とのやりとりなどを基に、職場で起こりそうな架空事例にまとめました。創作とはいえ、その裏には実際に悩みや疾患を抱えたり、部下への対応に苦慮したりしながら、よりよい未来に向けて歩みを進められた方々が存在します。皆様方も、そうした方々の苦労や頑張りを想像し、お気持ちを感じながら読み進めていただければ幸いです。

また、各事例の最後には、ポイントを整理しています。事例内容の振り返りや、現場での対応のヒントとしてご活用ください。

1　専門家への相談に抵抗を示した部下への対応

「この1カ月、遅刻・欠勤が目立ち、たまに無断欠勤も発生している部下がいるのです。どのように対応したらよいでしょうか」と、ある管理職の方から相談のメールが入り、直接お会いしてお話を伺うことになりました。

問題となっているのは、部下のAさん、32歳男性です。昨年4月にリーダーに昇進したため、業務はどんどんスタッフに割り振っていく必要があるものの、Aさんはつい自分自身で抱え込んでしまうようでした。

その管理職の方も心配し、何度か精神科の受診を勧めましたが、「大丈夫です。必要ありません。」と拒否的でした。契約している外部EAP（従業員援助プログラム）も勧めてみたものの、やはり同じような反応だったとのことです。上司としても、どうしたらよいか困ってしまったと、上司ご自身から私どものEAPに連絡をいただいたのです。

対応を行った私は、以下の3点について、Aさんにお伝えいただくことが可能かどうか伺いました。

1．これまでの本人の出勤状況を客観的なデータとして集め、データを基に業務パフォーマンスが低下していること
2．1カ月の猶予期間を与えその間に勤怠問題の改善を行う必要があること
3．猶予期間で改善ができなかった場合、勤怠改善のために専門家のいるEAPに相談に行くこと

本人が専門家に相談することに拒否的な場合は、まずは自分自身で改善のための努力をしてもらい、セルフコントロールが可能かどうかを見極めるプロセスを持つことが重要です。Aさんに対しては、1カ月間は本人の希望に基づき、様子を見ることにしました。

最初の1週間は遅刻などもなく出勤し、仕事も順調にこなしていましたが、2週目から徐々に遅刻気味になり、結局3週目には2日の病欠を取ってしまいました。3週目に再びその上司の方と私は詳しく電話で打合せを行い、来

週中に本人と話し合いの場を持っていただき、以下の内容を本人に伝えることを確認しました。

1．この1カ月の出勤状況の悪さを本人に伝え、約束した通りEAPに相談に行くこと
2．それでもEAPに相談に行かないなら、改善のための取組みが不足していると評価せざるを得ないこと
3．自分個人としてもAさんが心配なので、EAPに相談に行って欲しいと願っていること

様子見の1カ月が経ち、その上司の方はAさんを呼び出して出勤状況を本人と確認し、「自分で努力してたみたけど、やはり休んじゃった日があったよね。そしたらEAPに相談するようにしてよ」と促していただきました。この際、「君のことが心配だし、君は職場にとって大事なスタッフなんだから、まず、一度専門家の意見も聞いてもらえないかな、対処法も一緒に考えてくれると思うよ」と温かく伝えたところ、本人は素直にEAPに相談に行くことを了承してくれました。上司はその場でEAPに電話をかけ、相談予約を取り、そして、本人は無事EAPへの相談につながりました。

このように勤怠問題があり、注意をしても改善がなされず問題がズルズルと続いてしまうと、周囲の不満も高まってしまいます。上司としても、本人が専門機関に行こうとしない場合は、どのように対応してよいか迷ってしまうことと思います。そういった際は、上司自身が「部下をどのようにして専門機関につなげるか」を専門家に相談するのがよいでしょう。

ポイント

- □ **業務上の問題点をデータ化して客観的に伝え具体的な改善を求める。**
- □ **専門家への相談を改善手段として示しつつ手段の選択は本人に任せる。**
- □ **経過観察期間に問題が出現すれば、現状の継続により発生する評価等でのデメリットを冷静に伝え、専門家への相談を強く勧める。**

2　職場復帰後に不安定になった社員の事例

Ｂさんは28歳の男性でメーカーに勤務する技術者です。顧客からの高い要求に何とか応えようと頑張ってきた結果、深夜の帰宅が続き、慢性的な睡眠不足によって、朝、起き上がれない状態になってしまいました。15分程度の遅刻を繰り返し、いつも疲れた表情をしているＢさんを心配して、上司はＢさんに受診を促しました。その結果、「要休職」という診断書が主治医から出され、休職することになったのです。職場の人間関係に問題があったわけでもなく、若干不本意な思いのままＢさんは休職に入りました。

休職に入ったＢさんは、１カ月を過ぎた頃にはみるみる回復を示し、３カ月が経過した時点で、主治医の「復職可」の診断書を受け取ることができました。本人としても職場復帰ができることに喜びを感じていました。復職前には、会社の産業医と面談を行っています。ただ、面談は形式的なもので、特に復帰に際して細かい話はなく、「しばらくは無理をしないようにしてくださいね。残業はしない方がいいですよ」という簡単なアドバイスを受け、職場復帰を果たしました。

Ｂさんは、元の部署に戻っています。周囲も明るい表情のＢさんを見て「元気そうでよかった」と喜んで受け入れてくれました。Ｂさん自身も「また具合が悪くなってしまったらどうしよう」という不安はありましたが、それ以上に「皆に迷惑をかけて申し訳ない」という思いが強く、「なんとか遅れを取り戻さなきゃ」とひそかに心の中で決意をしていました。ただ、調子はよくなっているはずなのに、実際に復帰すると身体がとても疲れやすく、「慣れるまでは、時間がかかるだろう」と自分に言い聞かせていました。

復帰した当初の１週間は、上司や複数の同僚が気遣ってくれ、「定時だから、帰りなよ」「残業はしないでいいんだからね」と声をかけてくれ、声をかけられると「そうですね、では帰ります」と帰宅をしていました。ただ、元気そうなＢさんを見て、周囲も安心感を高めたのか、２週目には定時になっても声をかけてくれる人はいなくなりました。「疲れたな」「でも、疲れた表情なんて見せてはいけない」「迷惑かけた分、取り返さなきゃ」「自分だけ早く帰るわけにはいかない」などと考え、帰宅時間もまた徐々に遅くなっていきました。

上司は「あれ、Bさんこんな遅くまで仕事してて大丈夫？」と、たまに声をかけてくれました。「大丈夫なの？」と聞かれると、「大丈夫じゃないです」などと答えることはできず、つい「あっ、はい！大丈夫です」と答えてしまいます。「そっか、でも無理はしないでね」と上司は優しい言葉をかけてくれますが、Bさんには複雑な思いが残りました。「『時間だから帰りなさい』と明確に指示してくれたら帰りやすいのに」「でも、皆も遅くまで残っているし、これまで迷惑をかけたし…」。

復職後、このような状態に陥ってしまう方が多くなっています。長期休業を経て職場復帰を行った際は、就業時間や残業の可否を明確に定め、帰宅を指示する関わりを継続しておくことが重要です。この関わりがないと、Yさんのような心持ちに至ってしまう場合が多いと言え、無理を続けると、再度休職せざるを得ない状態になってしまうケースもあります。復帰当初は、「前もって決められたスケジュールや勤務時間通りで勤務させる」ことが大事になります。本人が大丈夫と言っても、決められたプランを過不足なく守ることが原則です。同時に、職場では社員と定期的に面談を行って業務負荷の管理を行い、産業保健スタッフと情報交換しながらフォローを継続していくことが望ましいでしょう。

ポイント

- □ 復帰後の就業時間や残業の可否は「復帰計画書」などを作成し明確化する。
- □ 終業時に周囲からも声掛けできるよう、計画は関係者に共有する。
- □ 計画は期間を定め期間中は「大丈夫」でも計画通りに遂行する。

3 通勤中にパニック発作が起きた社員の事例

Cさんは23歳の女性です。金融機関に営業職で入社して２カ月が経ちました。新人研修もようやく一段落し、いよいよ先輩に付いて客先を回ることになりました。Cさんは、入社５年目の先輩（女性）に付いているのですが、その先輩とうまくコミュニケーションを取れないのが悩みの種です。

自分なりに商品内容やセールス方法を勉強してきたつもりなのですが、お客様に合わせた商品説明の仕方を知りたくて、先輩に色々と質問を投げかけると、その度に「自分で考えなさいよ」「さっき、私がやっていたでしょう。何を見ていたの？」と、とてもきつい口調で言い放たれました。最初のうちは、「そっか、やはり自分で失敗しながら覚えていくしかないんだな」と思い、次に活かそうと前向きに受け取っていたのですが、何度となく同じ対応が続く中で、どうもただ単にその先輩が教えるのが面倒くさいだけのような気がしてきました。

他の先輩に付いている同期の話を聞くと、色々な客先で和気あいあいと会話ができているようで、とてもうらやましく感じてしまいました。自分はなかなか客先への商品説明の機会も持たせてもらえず、段々とその先輩と一緒にいるだけで胸が苦しくなります。早くひとり立ちをして、先輩と一緒に動かなくてすむようになりたい思いと、「このまま何も学べていない状態でひとりでやっていけるのか」という思いが交錯するようになりました。

ある日、重苦しい気持ちで通勤電車に揺られていると、いきなり激しい動悸と目まい、全身の緊張と急速にふくれあがる不安感に襲われ、「何なのこれ？　やばい、死んじゃうの私⁉」と電車の中で座り込んでしまいました。次の駅で降り、這うようにしてホームのベンチに座り込みました。十数分して、なんとか症状はおさまったものの、不安感の余韻は消えないまま出社し、駆け込むように社内健康相談室の保健師を訪ねました。

保健師にひと通り話を聞いてもらったところ、保健師は「もしかしたらパニック発作かもしれないし、早めに病院に行ってみたほうがいいわね。この病院は検査機器もあって心療内科も併設しているから、まず連絡をしてみたら」とアドバイスをもらいました。心療内科と聞いてギクッとしましたが、保健師からは「ストレスが身体に異変をもらたすのは全然不思議なことじゃないし、ストレスのせいかどうかも分からないから、まずは心配せずに受診してみたらいいのよ」と丁寧に受診のプロセスを教えてくれました。

Cさんはその後、勧められた病院を受診しました。検査では異常は見つからず、心療内科にも受診したところ、医師からは「保健師が言うように、おそらくパニック発作だったのではないかな。仕事は無理しないように」と薬を処方してくれました。少しの期間、抗不安薬を服薬する形で大事には至らずにすみました。保健師の落ち着いた対応と情報力によってCさんの安心感や早期対処につながり、重症化を免れたと言えます。

このように、社内に健康相談室などの施設があれば、気軽に利用することで早い段階に専門医療機関へつながることができ、深刻化を防ぐことが可能です。社内に専門職がいない会社も多いと思いますが、人事労務管理担当が信頼できる医療機関のリストを持っておくだけでも、何かあった時に社員に大きな安心感を与えることができるでしょう。

ポイント

- □ 利用可能な相談先がある場合、日頃から気軽な利用を促しておく。
- □ 不調の話は丁寧に聴きつつ、ストレス反応は自然な仕組みであると伝える。
- □ 周辺の医療機関情報を集めておくと、落ち着いた対応につながる。

4 面談時の沈黙が怖いと訴える人事部員の事例

Dさんは36歳の男性です。入社後ずっと人事部でキャリアを積んできています。このところ、社内でメンタルヘルス不調をきたす者が増えており、管理職に代わってメンタルヘルス不調の社員とコミュニケーションを取る機会も増えてきました。これまで人事部員として、社内の教育研修の企画も行い、例えば「メンタルヘルス研修」や「部下の話の聴き方」などのコンテンツも管理職を対象に提供してきた手前、実際自分がメンタルヘルス不調の社員とコミュニケーションを取ることに関して、プレッシャーを感じていました。

相談に来られたDさんのお話を詳しく伺うと、「とにかく沈黙が怖い」「沈黙すると、自分が何か話さなきゃと焦ってしまい、頭が真っ白になってしまう」とのことでした。社員の言葉に対して、「そうなんですか」「なるほど」などと応答することは問題なく、自分から色々と話をしてくれる社員の場合には特に困らないのですが、そうではない相手の時に「頭が真っ白になってしまう」そうです。

確かにDさんとお話をしていて、少しでも沈黙があると、緊張して肩に力が入っている様子がうかがえます。「今の間も、居心地悪かったですか？」とちょっと意地悪な質問をしてみると、「はい、私が何か話さないといけないのかなという気がして…」と苦笑いをしています。どうしたものかとDさんといろいろと話すうちに、解決の方向性として「社員に対して上手に問いかけることができればよいのだと思う」「質問力を身につけたい」との要望が見えてきました。

そこで、EAPとの面談ではDさんの対人緊張に焦点を当てるのでなく、質問力をつけるトレーニングをロールプレイ形式で行うことにしました。具体的には以下のような質問技法を使う練習をしてみました。

▽ Closed Question：「はい」or「いいえ」で答えられる質問

答えづらい時などに話しやすくさせる、仮説検証をする、焦点を絞っていく際の質問で、「今は忙しいの？」「仕事は順調かな？」「体調よくないの？」「休みは取ってる？」「それは～ってこと？」など。

▽ Open Question：「はい」or「いいえ」で答えられない質問

自由に語ってもらう（カタルシスを得る）、関心を示す、焦点を探す際の質問で、「仕事はどんな感じ？」「何が一番大変なの？」「体のどこが調子悪いの？」「あなたとしてはどう受けとめているの？」など。

▽ Scaling Question：感情や苦しみなどを数値化することで、本人にとっての「大きさ」を尋ねる質問

感情や負担感、疲労度などの主観的大きさを話し手と聞き手の共通理解とすることができる、時間的変化を表せる、対象となる感情やつらさなどから結果的に本人が距離を取ることにつながる、などの利点があります。「今の大変さは10点満点で何点くらいですか？　何が変わったら、あと１点よくなると思いますか？」など、数値をいきなり「０」にすることを目指すのではなく、「あと１点」減らすために必要な現実的対処の検討につなげるのがポイントです。

▽ Coping Question：これまでの苦境の乗り越え方、問題解決の仕方を尋ねる質問

話し手が自分自身の強さやサポート資源に自ら気づくきっかけともなりうる質問で、「そんなにつらい中、どうやって乗り越えてきたのですか？」「これまでの人生で苦しい時期を乗り切ってきた時、どんな風に考えたり行動したりしていましたか？」など。

この質問に対して出てきた本人なりの対処法には労いと効果の確認を行い、適切で有効な対処法であれば今回も行ってみることを勧めたり、既に行っている場合は継続を支持することも、本人の強みや自己効力感（やっていけそうという感覚）を引き出す関わりと言えます。

相談室内で「質問力トレーニング」をしていく中で、Dさんは社員との面談場面において、「頭の中に質問事項さえ思いついていれば、安心して沈黙を待てる」と気づきました。間を埋めるためだけの場当たり的な対応ではなく、聞きたいと思うこと、聞かないといけないことが頭で整理できるようになり、余裕を持って社員の前にいられるようになったとのことでした。見通しや自信が余裕を生んだといえるでしょう。

メンタルヘルス不調を抱える社員とのコミュニケーションは、人事部員として緊急を強いられる場面かもしれません。コミュニケーションスキルを高める研修として、企業内で傾聴訓練やコーチングが導入されているケースも多いでしょうが、肝心の人事部員自身は研修を受けていない場合も散見されます。人事部の方には、是非一度、自分から社内の産業保健スタッフや社外のEAP、カウンセリング機関などでカウンセリングを受けてみることをお勧めします。相談の雰囲気や流れ、対応の実際なども実感できるため、社員に相談を勧める際の説得力の向上にもつながります。社内に使えるリソースがある場合は、まず人事部の方々が使ってみてはいかがでしょうか。

ポイント

- □　人事部門の方々には、高いコミュニケーション能力が求められる。
- □　質問技法を意識的に使い分けられると、面談時に余裕を持てる。
- □　自分が専門家に相談してみるのも、話の聴き方を学ぶひとつの方法。

5 休職にかかる就業規則の整備

精神疾患による休職・復職の問題は、人事労務管理担当者として頭を悩ませるもののひとつだと思います。「新入社員が試用期間後すぐ休職に入った」「休職中の社員から連絡がなく、復帰の見通しが分からない」「主治医は復帰 OK と言うが、明らかに復帰できる様子ではない」「時短勤務で復帰したが、ズルズルと正常勤務に戻れないでいる」「復帰後すぐに再休職に入った」――このような経験は、ありませんか？

傷病休職制度の制定を会社に義務付ける法律はありません。その内容は賃金支払いの有無も含めて労使で自由に決めることができます。ただし、制度を設けた場合には労働条件として明示する必要性があり、全従業員に適用される場合には就業規則への記載が必要となります。昨今、ある程度の規模の会社では、当然のように就業規則に規定されているのではないでしょうか。休職は、法的には一種の解雇猶予制度と考えるのが一般的ですが、一部ではリフレッシュ休暇であるかのように「活用」されてしまい、人事労務担当者が頭を抱える事例もあります。

以下、適切に定めておくことでトラブル回避につながる事項を挙げます。

1．休職期間に関する事項

休職期間は、社員の勤続年数に応じて段階的に設定しておかないと、まだ何の実績もない新入社員も15年以上働くベテランと同じだけ休めることとなり、会社の負担や周囲の不満が大きくなるリスクがあります。例えば、勤続1年未満は1カ月、勤続1年以上3年未満は3カ月、勤続3年以上は6カ月など、実績に応じた設定があると、周囲の社員としても納得しやすいでしょう。

2．待遇に関する事項

規模の大きな組織であれば、休業に入っても一定期間は「病気欠勤」として給与が100%支給されたり、「休職期間」に入ってからも数年間は健保からの傷病手当金に加算金が上乗せされ就業時の80～90%程度の収入が保証されたりすることもあります。一定の収入保証は、労働者にとっては安心して休めることに、使用者にとっては（失業手当を求めての）離職の防止につながります。

一方で、休職中の人にあまりに長期間、就業時とほぼ同額の給与が支払われている状態は、普段通りに働いている人から見ると不公平に感じ、士気が下がる可能性があるでしょう。ここもやはり、勤務実績に応じた設定が求められる部分と言えます。

3．診断書の提出や連絡頻度

「就業不可」の診断書は、休職せざるを得ない理由を示す書類ですから、常識的には引き続き休養が必要な場合には前の診断書に記載の期間が終了する前に、次の診断書を提出することが求められます。

また、ある時点で「休養が必要」と医師が判断する場合、3カ月を超える期間を記載することは一般的ではないでしょう。しかしながら現実には、診断書の期間を過ぎても連絡がないケースや、電話だけで休職を継続しようとするケース、「6カ月の休養を要す」との診断書が郵送され、その後は音信不通となるケースもあります。

休職制度を利用する際に必要な手続きとして、「休職中は毎月医師の診断書を提出する」「月に一度は上長又は人事担当者に連絡を取る」などと規定しておくことで、本人の様子を継続的に把握できるようになります。

4．職場復帰の可否判断プロセスに関する事項

職場復帰を決定するのは、最終的には「事業者」です。主治医の診断書は必要条件ではありますが、診断書1枚では判断材料として情報が少なすぎます。復帰してしっかり働けそうか、過度の焦りはないかなどを確認するために、どのような規模の企業であっても、職場復帰プロセスとして「会社が必要と認める場合は、産業医または会社が指定する医師などの診断を受けなけ

ればならない」と明示をしておく必要があるでしょう。

5．職場復帰の判断基準と業務軽減期間に関する事項

復帰後の就業制限（出張・残業禁止など）は多くの企業で行われていますし、時短勤務（慣らし勤務）が可能な企業もあります。こうした配慮はオーバーペースによる復帰直後の不調再燃を防ぐ効果があると考えられます。一方で、就業制限が長期にわたると周囲の社員の負担が大きくなり、結果的に職場全体の士気低下につながってしまうことがあります。

こうした配慮の長期化を防ぐには、「定時勤務ができること」を復職の条件としつつ、「復帰後2カ月間は2時間を限度として終業時間の繰上げを認めることがある」「復帰後2カ月経過後も定時勤務が行えない場合には再休職を命じる」などと規定しておくとよいでしょう。

「業務軽減ありき」で復職を考えると、「治りきっていなくても復帰できそう」との誤解が生じがちです。そうではなく、「復帰したら普通に働く」のが基本で、復帰後の一定の配慮期間は、オーバーペースを防ぎ、勘を取り戻すことを目的としたものに過ぎません。復帰後の配慮は、「普通に働けなくても戻っていいよ」というものではなく、「普通に働けるのは分かっているけど、念のため最初はセーブをかけますね」というものと労使が理解する必要があります。

また、厚生労働省の「心の健康問題により休業した労働者の職場復帰支援の手引き」にも復職前に確認することが望ましい項目が記載されており、復帰を認める条件を検討する際の参考になります。

6．同一理由による再休職に関する事項

復帰後の再休職の取扱いについて明確化されていない企業では、休職期間満了日の直前に復帰して数日間だけ出勤し、また数年間後の満了日ぎりぎりまで休む人が実際に出ています。「1日でも職場に行けば、また1年半休める」「これを5回繰り返せば定年までいけるな」などという状況を作らないためにも、「復職後1年以内に同一または類似の理由により休職した時は、

前後の休職期間を通算する」などの条項が必要でしょう。

この通算規定と、上述の「再休職を命じる」規定が揃うことで、安易な復職や不完全な労務提供での継続を防ぐことができます。

7．休職期間満了時の扱いに関する事項

既定の休職期間を使い切ってもなお休職事由が消滅せず、復職できる状態にならない場合（休職期間満了時）に、解雇となるのか自動退職となるのかを明示しておきましょう。解雇の場合、解雇予告ないしは解雇予告手当が必要ですし、解雇権の濫用について争いが生じる可能性があります。「解雇」という言葉自体がネガティブな響きを持ちますし、再就職の際に影響する可能性もあります。会社としては手厚くサポートしてきたつもりでも、従業員やその家族が最後の最後で「解雇予告」「解雇通知」などを見ると、様々な感情的な反応が生じることがあります。休職期間満了は、定年と同様に自動退職と位置づけておくのが無難でしょう。

こうした事柄を明確化していく際、「悪用されないため」と考えると、社員を悪者のように認識することとなり息苦しさも感じます。「本来の目的に沿って制度を設計し、誤解を生まないよう分かりやすく記載する」との姿勢や認識が大切なのだと思います。共に会社を発展させる仲間が適切に利用できる仕組みと説明を心がけたいですね。

ポイント

- □　**休職規程は、安心感と不公平感のバランスが大切。**
- □　**「悪用してやる」というより「知らない」「勘違い」も多い。**
- □　**出来るだけわかりやすい記載や説明を目指す。**

6 傾聴姿勢とはどういうことか

ある日、某社のE課長から相談の電話が入りました。最近、浮かない顔をしている部下のFさんに「どうしたんだ」と声をかけたら、「実は、妻とうまくいっていなくて、離婚することになりそうなんです」と相談されたというのです。

E課長がFさんから詳しく話を聞いたところ、「妻が『毎日帰りが遅く、子どもの世話もしてくれない』と不満を爆発させた」というのです。E課長は「確かに、最近は特に毎晩遅くまで残業させてしまっており、責任の一端は自分にもあると思う」と罪悪感を感じている様子でした。また、「どう対応したらよいか分からず、何も言ってやることができなかった」と悩んでいるようでした。

さらに悪いことに、他のスタッフが同僚であるFさんの離婚問題を知って、管理職であるE課長への風当たりが強くなりました。E課長が親しい部下から聞いた話では「何人かのスタッフが『さんざん働かせて離婚になったら、上司としてどう責任取るんだ』と言っていた」ということでした。

E課長としては「何とかしてやりたい」と考え、あらためてFさんの話をじっくり聞いてあげたようです。しかし、会話の実態は「奥さんのご両親に事情を話してみたらどうだ」「ちゃんと奥さんの不満を聞いてあげてたのか」「休めるように調整してあげるから、旅行にでも行って来いよ」と、E課長の口から出るのはアドバイスばかりでした。

以降、部下のFさんはほとんど話をしてくれなくなりました。「親身になって話を聞いてあげたのに」と、イライラした様子で不満を訴えるE課長は、なぜ部下が話をしてくれなくなったのか、気づいていない様子でした。

部下の悩み事を聞いても上司として何もしてあげられない場合、上司は無力感・罪悪感にさいなまれ、逆に「ああしたら？」「こうしたら？」と解決策を提示してあげようとしがちです。これは、相談を受けた際には「上司－部下」間に限らず起こり得ることです。

傾聴の反対語は「操作」という言葉を充てることができます。相手のためにとの気持ちは同じでも、相手を動かそうとするのが「操作」ですから、言われた方は操作に抗うなり従うなり、何らかのリアクションが必要になります。

そして、いくら家庭の問題とはいえ、部下にすれば上司からのアドバイスを真っ向から否定するのは憚られるものでしょう。つまり、上司の話を黙って聞くしかなくなるわけです。上司からの操作的な言葉が多発されると、部下はそれだけで疲れてしまい、「また何か言われるかも」と思うと、自分の話をする気がなくなってしまいます。

これに対し、傾聴姿勢とは、「相手を動かそうとせず、相手に何かをさせようとせず、相手の立場と文脈に沿って話を聴き、相手の感じ方をそのまま受け止めること」と言えます。皆さんも一度試してみてもらえればと思いますが、アドバイスを一切せずに人の話を聴くことは、実は相当難しいことです。しかしながら、相手が自分のペースで自分の文脈で話をすることで問題点が整理され、自分の中から対処法を見出すことができれば、それが最も理想的な解決の姿だと言えます。

ポイント

- □　**傾聴姿勢とは、相手の立場に立ち、相手の文脈に沿って話を聴き、相手を理解し受容しようとすること。**
- □　**操作姿勢とは、自分の立場で、自分の伝えたいことを話し、相手に自分を理解してもらおうとすること。**

早期発見・早期対応の歪み

ある日、G社人事部のHさんから電話が入りました。G社は業界の中でも比較的古くからメンタルヘルス対策に注力しており、その背景には担当であるHさんの「社員を守りたい」という温かくて強い思いが存在していました。

Hさんの精力的な提案により、メンタルヘルス問題に強い産業医の選任、社内の相談窓口の設置、管理監督者に対する継続した教育研修など、G社の企業規模としては十分といえるほど、充実した対策を取ってきたといえます。

ところが、その日のHさんは様子が少し変でした。力ない声でこうおっしゃったのです。「早期発見・早期対応って言いますけど、それって本当にいいことなんですかね？」。私は驚くと同時に、Hさんがおっしゃっている意味がよく分からず、詳しく話をお伺いすることにしました。

「これまでは特にラインケア研修において、早期発見・早期対応が大事だと考えて、啓発活動を継続して行ってきました。早い段階で部下の異変を捉え、部下の話を詳しく聴いて、その上で業務量を軽減したり、休みを取らせるなど、迅速に対応することを勧めてきました」とHさんは話します。私は「それはとても大事な活動ですよね」と返答しました。

Hさんは続けます。「セルフケア研修においても、なるべく早く自分のストレスに気づき、上司と相談することの重要性を説いてきました。お陰で、社内の上司−部下間のコミュニケーションは、以前よりも円滑になったと感じています」。「それも素晴らしいことじゃないですか」と、私は同様に返答しました。

「でも、早く見つかる問題ほど、問題自体は軽い場合も多いわけです。そうなると、管理職としては部下に対し、『君はよく早い段階で言ってきてくれたね！』とはなりません。問題が軽いと、怠けているだけなのか、それとも病気の一歩手前なのか、余計に分からないんです…」とHさんはおっしゃいました。

私は「なるほど…」とうなってしまいました。メンタルヘルス対策を推進すればするほど、問題は顕在化していきます。問題が見つかれば、管理職の対応負荷が高まります。「会社の言う通りに対応してきたけど、全然楽にならないじゃないか」という不満によって、逆に段々と管理職の協力が得づらくなっている――今、このような声を複数の人事担当者の方から聞くようになっています。

昨今、メンタルヘルス対策は新たな局面を迎えています。ラインケア研修の傾聴訓練によって聴くスキルが高まった上司には、当然部下の愚痴が集まります。ラインケア推進の歪みが、管理職の負荷として表面化しつつあるように感じています。今後は「管理職をいかにサポートするか」がメンタルヘルス対策の力点として高まっていくはずです。

ポイント

- □ 早期発見と早期対処は、メンタルヘルス対策の基本。
- □ 「早期」の問題ほど程度は軽く、どこまでの対応をするか判断が難しい。
- □ 「発見」した管理職が対応を相談できる先があることも大切。

8 うつ病は病気か、それともサボりか

「この数カ月ほとんど眠れなくなっている現状を上司に相談したら、『病院にだけは絶対に行くな。診断書なんか出しても会社に〈サボリ〉と思われるだけだよ。僕の経験から、気分転換して乗り切るのが一番だ』と言われたんです。とても休ませてくださいと言える雰囲気じゃありませんでした」

先週のカウンセリングでクリニックの受診を決心したＩさんが、相談をかねて上司であるＪさんと会話した際のやりとりを話してくれました。勇気を出して上司に窮状を打ち明けたＩさんでしたが、結局受診の予約を取ったことは言えなかったそうです。

Ｉさんの勤務するＫ社では、数年前からメンタルヘルス対策として管理職や一般社員研修などのも継続的に行っているので、Ｉさんの上司Ｊさんに「うつ病」の知識がなかったために「サボり」発言が出たとは考えにくい状況がありました。ではなぜ、上司はそんな反応を見せたのでしょう。Ｉさんが上司から聞かされた話に、その理由がうかがえました。

従業員数500人強のＫ社では現在10人の休職者がおり、これは一般的な割合よりもやや高いと言えます。しかし問題は休職者の数ではなく、その中に会社や同僚が理解に苦しむ行動を取っている社員が複数いることのようでした。上司Ｊさんは、休職した部下への対応に困っている管理職からその苦労を色々と聞いていたそうです。

それは、次のような行動です。「自分のミスを上司に注意された翌日から会社に来なくなる」「上司が無断欠勤を指摘した日に無断で早退し診断書が送られてくる」「休みの間に会社に何の連絡もない」「診断書の期間が過ぎても出社しない」「指摘すると休養期間延長の診断書が届く」「休みの間の社会保険料の支払いが滞る」「上司からの連絡には応じないが同僚との飲み会には必ず参加している」「海外旅行のお土産を持って職場を訪れる」「休職期間満了が迫り人事担当者が復帰についてたずねると『上司に問題があり復帰には職場異動が必要』との診断書を持ってくる」「人事担当者が何とか調整して復帰させてもすぐまた休む」等々。

人事担当者や管理職がどれだけ職場としての対応に努めても、「配慮が足りない」とばかりに休職を繰り返すなど、本当に病気なのかと思ってしまうような社員の行動の連続に、管理職たちも「診断書はあてにならない」「病気なんて言っても結局は本人の問題」といった考えを持つようになったようです。こうした中で、上司のＪさんも「病院に行ってもトラブルが増えるだけで解決にならない」と思ったのでしょう。

上記の行動は「現代型うつ病」「新型うつ病」などと呼ばれる状態像と重なります。また、「うつ」の中に、疲労が要因で休養と服薬で治っていくタイプと、人格的あるいは社会的な未熟さが要因のタイプ、怠業の側面の強いタイプが混在しているのが現状と言えます。

こうした混在を理由に、治療の必要な人が適切な治療を受ける機会を失うことはメンタルヘルス対策の後退を意味します。また、「現代型」「新型」と呼ばれる人も、単なるサボりではなく自分なりに苦しんでいる側面もあります。職場のルールを定めておくと共に、セカンドオピニオンや主治医との連携などにより「うつ状態」の背景にある要因を探り、本人と職場がそれぞれにできることを行いながら問題の解決を目指す姿勢が求められます。

ポイント

- □　**性格や社会的な未熟さが要因の不調や怠業の側面が目立つ人もいる。**
- □　**だからといって受診を妨げると安全配慮義務上も非常に危険。**
- □　**背景を個別に探り、職場と本人の双方が対処に取り組むことが大切。**

「やりたいことがやれない」若手社員の事例

ある日、「好きな仕事がやれると聞いて会社に入ったのに、話が違う」と、若手社員の方から相談が入りました。詳しく話を聞くと「希望した部署に配属されなかったうえに、今は雑用ばかり。ここでは自分の力を発揮できないので、異動できないなら辞めるつもり」とのことでした。入社半年弱、部署配属後わずか３カ月の新入社員Ｌさんが語った言葉です。Ｌさんは、就職活動時から企画の仕事がしたいと言い続けて入社したようで、何か強い焦りを感じている様子でした。

私は上司の話も聞いてみたいと考え、Ｌさんの承諾を得て、職場の上司に連絡を入れてみました。すると上司のＭさんは気さくな感じの方で、「新人は下働きから始めて当然」と思いながらも、Ｌさんの話をじっくり聴く覚悟で関わっているとのこと。そしてＬさんには「まずは実績を積んでアピールしていこう」と伝えているとのことでした。

「Ｌさんは、遠回りをすることに焦りを感じているのでしょうか？」と私が質問を投げかけてみたところ、少し考えていたＭさんは、Ｌさんが社内でのキャリアを考えていくきっかけになればと、「Ｌさんの２年先輩になる企画部のＮさんと話す機会を設定してみよう」と提案してくれました。

後日、Ｌさんから再度連絡が入りました。先輩のＮさんから、次のような話が聞けたようです。「入社２年目に企画部に配属されたのだけど、最初は雑用ばかりだった。でもその中で、先輩の仕事の進め方を盗んでいくことができたから、その経験は自分にとって大きな財産になっている。一方で、部署の先輩たちは営業や経理など、色んな経験があって、そうした積み重ねが強みになっている」。そしてＬさんは「やりたい仕事を早く経験しないと取り残されると焦っていましたが、必ずしもそうじゃないんだと少し納得しました」と、自分にも言い聞かせるように話してくれました。

「やりたいことができない」「こんなことをするために入ったんじゃない」と不満を口にする若手社員を見ると、「仕事はそんな甘いもんじゃない」と叱りたくなる方も少なくないでしょう。とはいえ「あなたは何をしたい？」と問われ、「自分はこういう人間で、やりたいことはこれです！」と答えないと職に就けない厳しい時代です。このギャップに悩む若手社員が多いといえます。

理想と現実の仕事との間につながりを感じさせてあげることができれば、彼らは目標に向けて意欲的に仕事に取り組む意識の高い社員になり得ます。本事例も、上司が実在のモデルを紹介することで「目標へ一直線」だけが成功ではなく、らせん階段を上っていくようなキャリアパスも往々にしてあることを示し、「理想と現実をつないだ関わり」といえるでしょう。

現在、社内のメンタルヘルス不調において、「適応障害」と診断される方が多くなっています。適応障害とは、環境変化や新たな負担にうまく適応できないことをきっかけとして不調をきたした状態です。「理想と現実を上手につなげてあげること」は、適応を支援する関わりにおいても非常に重要だと感じています。

ポイント

- □　やりたいことが明確な人ほど、「できていない」状況に焦りやすい。
- □　理想と現実をつなぐ「道」や「意味」を感じると意欲が出る。
- □　キャリアパスの話を直属の上司以外から聞く機会も有用。

10 「それってパワハラです！」と逆ギレする若手社員の事例

Oさんは入社３年目の女性社員です。部署異動により、この春に企画課に配属になりました。会社は新入社員の離職予防を掲げており、これまで入社後２年間所属していた部署の上司はとても優しく、突然の残業指示などが発生しないよう配慮をしてくれていたようでした。今回、異動になって、新しい部署の上司は「もう入社して３年目になるし、自覚を持ってもらおう」と、ある程度しっかりと厳しく指導・対応するように心がけていたようです。

異動して数カ月経ったある日、上司がOさんに「明日締め切りの例の資料はできてる？」と確認したところ、「すいません、まだです」と答えが返ってきました。「それはまずいよ、必ず今日中に提出するように」と指示すると、「いや、今日は約束があって……」とのこと。上司はさすがにカッとなり、「ふざけるな！」と強い語調で言ったところ、Oさんはサッと顔色を変えて「それって、パワハラですよね？」「前の部署の時には、そんな細かいこと言われなかったです！」と体を震わせ、逆ギレしました。

上司は頭に血がのぼるのを何とか抑え、冷静な口調で「明日までに提出するよう、前もって何回か伝えていましたよね」と丁寧に説明し、残業をさせてとにかく資料を提出させました。

しかし、次の日からOさんは体調不良を理由に会社を休み、３日後には「適応障害」と記載された精神科の診断書を郵送してきました。上司はやるせない思いで当相談室に「これは愚痴と思って聞いてください」と連絡をして来られたのでした。

2020年６月から施行されたパワーハラスメント防止対策の法制化（労働施策総合推進法）に伴い、職場における「パワーハラスメント」の定義が法律上規定されました。法制化を踏まえ、2020年５月に取りまとめられた「精神障害の労災認定の基準に関する専門検討会」の報告書を受けて、「業務による心理的負荷評価表」の改正が行われています。具体的には「出来事の類型」に「パワーハラスメント」が追加され、評価表の内容が明確化されました。

これまでの労災不支給を取り消す判例においても、業務上必要な指導の範囲を超えていないか、業務上の正当性がポイントになっており、この事例においても、必要以上に大きな声で恐怖感を植えつけたり、繰り返し執拗に注意をしたというようなことがなければ、女性社員の適応障害が労災と見なされる可能性は低いものと推察されます。しかし、今は何よりも「パワハラ」という言葉が部下から発せられることで、管理職が部下育成にエネルギーを注がなくなることが心配です。

メンタルヘルス対策に関しては、長時間労働対策から人間関係の問題に焦点がシフトしています。パワハラ防止対策の法制化により、パワハラというワードに対して、企業も世間もより敏感になっていくでしょう。正しい知識と日頃から良好なコミュニケーションを持ち、社員の育成から退いてしまわない姿勢が重要だと思います。

ポイント

- □　意に沿わない他者の言動を「パワハラ」と断ずる人は増えそう。
- □　大声での執拗な叱責などでなければ、「労災」にはならない。
- □　必要かつ適切な指導を続ける勇気は、パワハラへの正しい知識が支える。

11 自殺のリスクにどう対応するか

警察庁の発表によると、日本において2019年に自殺で亡くなった方は20,169人となっており、14年間連続で自殺者数が年間に３万人を超えていた時代と比較すると大幅に減少傾向にありますが、諸外国と比較するといまだ高水準といえます。また、コロナ禍の影響により、今後は再び増加していることも懸念されています。

１.「死にたい」と吐露された時の対応

人事担当者の方も同様の経験をお持ちの方は多いと思いますが、カウンセラーをしていると、相談者から「生きていても、よいことがない」「自分の居場所がない」「消えてなくなりたい」「死んでしまいたい」という気持ちを吐露されることがあります。仕事柄、そういう機会は人より多いかもしれません。

その際、「生きていれば、きっとよいことがあるよ」と伝えても、大抵の場合、相談者は納得しません。「生きていても、よいことがないから死にたいんです」と声に出す人もいれば、「まぁ、そうですよね…」と不本意なまま頷くか、「このカウンセラーに何を言ってもだめだ」と失望されるか、いずれかの反応になる場合が大半です。

こういう時、カウンセラーとして無力感を非常に強く感じます。話を聴けば聴くほど、本人のネガティブ思考の渦にはまってしまい、抜け出せない自分自身が苦しくなってきます。また、こちらが無力を感じていると、「ごめんなさい、こんな話をして迷惑ですよね。先生にまで嫌な思いをさせて、自分はダメな人間だな」と、余計に本人の自責の念を高めてしまうこともあります。「そんな、嫌な思いなんてしてないですよ」とお伝えしても、「すいません、気を遣ってくださって」と言われてしまったり…。

カウンセラーとして、相談者を一発で元気にできるような言葉を探したくなるのですが、そんな言葉があるはずもなく、カウンセラーとして無力な自分を感じ、逃げ出したくなることがあるのも事実です。

こういう時、ただそばにいて、本人の気持ちに沿って耳を傾けるしかないと感じています。何か有益な話ができればよいのでしょうが、話をしようとすればするほど、カウンセラーの話を「有益」と受け取れない相談者の罪悪感を高めるだけです。ただ静かに相手の話を聴くのと同時に、聴くことしかできない自分の能力の限界を受け入れ、ただし、相談者の自殺のリスクは丁寧に確認し、精神科など専門医療機関への受診フォローを心がけます。

なお、「私はあなたに死んで欲しくない」という自分の気持ちは伝えたいと思います。「死んだらよくない」と伝えても、相手にとって何がよいかは、本人しか分からない問題です。「私は」を主語にし、率直な言葉で、「死んで欲しくない」「生きていて欲しい」というメッセージは伝えたいです。「死にたい」という相談者にマニュアルは通用せず、真摯に相手の気持ちに耳を傾け、素直に自分の気持ちを伝えることしかできないように思います。

2．緊急時対応

「これから飛び降ります」「これから首を括ります」などの切迫した連絡が入った際は、どうしたらよいでしょうか。家族が近くにいる際には、家族に連絡を取り、本人のそばに付いていてもらう必要があります。単身生活で家族がそばにいない場合は対応が難しくなります。現実性が非常に高い場合は、「とにかく、今から行くので待っているように」と伝え、携帯電話などで極力連絡を続けつつ、本人の居場所を訪問する場合もあります。

精神状態が不安定になっている場合には、精神科救急（119番から当番病院を教えてもらえます）に連絡を入れると同時に、場合によっては緊急入院が必要になるかもしれません。家族が同行して、入院により安定を図る関わりが必要になる場合もあります。もしも手首を切った、大量服薬をした、という自殺行動の事実が発覚したら、直ちに救急車を呼ぶなど、具体的な処置が必要です。

ただし、誤解を恐れずにお伝えさせていただくと、どうしたって防げなかったのではと感じる「自死」もあります。死のうと思えば、死ねる場所は色々あります。固く決意し、死ぬ直前まで気づかれないように振舞い、死ぬと決めた日に人知れず完遂してしまうこともあるのです。本人が誰にも知られないように遂行しようとする場合、たとえ若干の様子のおかしさを察知したとしても、その後ずっと長期にわたりそばに付いて監視することは現実的にできないでしょうし、必ずしも確実な防止策は取れないでしょう。

自殺の兆候に気づきようがなかった場合でも、やはり周囲の人は「なんで、気づけなかったのだろう」と自分を責めてしまうでしょう。しかし、誰も気づきようがない自死があるということも、知っておいていただければと思います。

ポイント

□ 「死にたい」気持ちを論破せず聴き、「私は死んで欲しくない」と伝える。

□ 緊急度が高まった、具体的な行動が発生した際には、家族に連絡するか訪問する。

□ 防ぎようのない、気づきようのない自死があることも事実。

12 やってはいけないコミュニケーション研修

EAPを導入して間もないP社の人事担当者Qさんから、うつ病の診断で休職中の女性社員Rさんに相談室を紹介したとの連絡がありました。

相談室を訪れたRさんに話を伺うと、休職当初に比べると抑うつ症状は随分ましになり、最近ではジムでの運動や友人との外出などを行っても以前ほどの疲労感はなくなってきたとのこと。昼寝が週に数日あるものの、起床や就寝時間に乱れはなく、復職に向けたトレーニングを開始してよい段階にあるようでした。ただ、会社に行くことを考えるとどうしても気分が沈み、復職に踏み出せないといいます。こうした状態が3カ月程も続いており、休職は9カ月目に入っていました。

休職時の状況や復職に向けた不安を聴く中で、Rさんが心身の不調をきたすに至った背景が見えてきました。Rさんの部署は女性が二人しかいません。もう一人の女性はRさんの2年後輩ながら部署での経験はRさんより長く、課長のSさんに気に入られ男性社員同様に重要な仕事も任されています。一方、Rさんは前年の4月に異動したばかりで仕事も要領を得ないところがあったようです。それが気に入らないのか、S課長はRさんにはほとんど声をかけません。一言も話さない日が週2～3日に上っていたそうです。

仕事上の分からない点は課長以外の人に聞きながら進めていましたが、係長も何かよそよそしく、陰で課長から何か言われているようです。何となく気軽に質問しづらく思ううちに仕事がたまり、それを注意されることの繰り返しでRさんは徐々に自信をなくしていきます。食欲は低下し異動後5kg以上痩せました。朝方まで眠れない日が続いて遅刻をした日もありました。課長に叱責されると思いましたが、誰も何も言いません。ふと、自分はいてもいなくても一緒だと思え、Rさんは出社する気力を急激に失ってしまいました。

何とも冷たい部署だというのが私の率直な印象でした。Ｒさんは、「好き嫌いで仕事をするＳ課長の下では働けない。できれば異動したい」といいます。そりゃそうだろうな、と思いながら、面接後の報告のため人事担当者のＱさんに連絡した際、現時点でのＲさんの気持ちとして異動を希望している旨も伝えました。それを聞いたＱさんが「実は…」と少し言いづらそうに話してくださった内容で、「冷たい部署」の成り立ちが判明しました。

Ｐ社では、Ｒさんが現部署に異動になる前の２月に、課長係長級を対象にセクハラ研修を実施したというのです。Ｓ課長は研修でセクハラのリスクやコミュニケーション上の注意点を聞いた後、不安に感じて女性社員との会話に自信がなくなり、話しかけづらさを感じたそうです。部内のもう一人の女性社員とは人間関係が築けていたこともあって影響は少なかったものの、研修後に異動してきたＲさんには特に気を遣い、いつの間にか苦手意識を持っていたのも事実でした。係長も似たような心境だったようです。Ｒさんの休職後、ＱさんがＳ課長に状況を聴いて分かったことです。

「冷たい部署」は実は、「ハラスメントを怖がり萎縮していた部署」だったのです。研修アンケートにも「女性社員に色々と気遣って話すくらいなら、話さないのが一番のリスクヘッジ」といった意見がいくつかあったそうですので、同様の状況は他部署でも起きている可能性があります。その研修の担当者でもあったＱさんは背筋が寒くなる感覚を覚えました。

これは少し極端な例だとしても、セクハラ研修の後にこうした意見を耳にしたことはないでしょうか。他にも、以下のような例がありました。

- ▶ パワハラ研修で、部下に対する指導や注意の仕方を伝えたところ、「忙しい中で教えてやってるのに、教え方や表現であれこれ気を遣うなんて、教えるのがバカらしい」と、管理職がヘソを曲げた。
- ▶ 復職してくる社員がいるため、「うつ病の人に頑張れとは言わない」など、社内で研修をしたら、「自分の言葉が原因で再発されたら怖い」と

　部内での会話がほぼない様子。
などです。

ネガティブな出来事（セクハラ・パワハラ・うつなど）に焦点をおいて、「やってはいけない」行動を指摘して抑制しようとすると、コミュニケーション自体が阻害されることがあります。その結果、部下にとっては必要な指導育成がなされない、ソーシャルサポートが得られない、孤立感や疎外感を感じる、上司にとっては、部下の「いつもと違う様子」に気づきにくくなるなど、組織の大きな損失につながります。

ハラスメント研修もメンタルヘルス研修も、目指すところは「よりよいコミュニケーション」のはずです。NG 行為を明示することの重要性は否定しませんが、その目的を研修の軸にしっかりと据えておかないと、逆効果となりかねません。

何よりも大事なのは、相手を理解すること、そのために普段からのコミュニケーションを行うことです。「セクハラ・パワハラをしない」とマニュアル的に指導して、管理職が自分の行為の是非にばかり意識を向けて汲々とするよりも、社員の話をよく聴き、その社員がどういう価値観の持ち主で、どういった指導方法が効果的で、今どういう状態なのかを把握していく、つまりその社員への理解を深めていくことが対応の本質ではないでしょうか。

ポイント

- □　NG 行動を示す研修はコミュニケーション自体を減少させるおそれがある。
- □　研修等では、「望ましい行動」も明確化して伝える。
- □　「話さない」ことのリスクも大きい。難しくとも適切な距離を探る。

13 異動でつまずいたUさんの例

平成22年（2010年）に厚生労働省「自殺・うつ病等対策プロジェクトチーム」が「誰もが安心して生きられる温かい社会づくりを目指して～厚生労働省における自殺・うつ病への対策～」という報告書を取りまとめました。その中で、自殺防止対策として「職場におけるメンタルヘルス対策」が掲げられています。興味深いのは、その内容に「配置転換後等のハイリスク期における取組みの強化」が示されていることです。報告書には、「自殺の実態調査から、配置転換や転職等による『職場環境の変化』がきっかけとなってうつになり自殺する人が少なくないことが分かっている。そうした実態を踏まえて、配置転換後等のハイリスク期におけるメンタルヘルスに関する取組みを強化し、問題が悪化する前に支援へとつなげる」と記載されています。

つまり、大きな職場環境の変化（就職・異動・昇進など）という事態に対して注意深くサポートを行うことが自殺・うつ病の予防につながるというわけです。では、職場は具体的にどのような対策を取ればよいのでしょうか。

Uさんは、教育事業者に勤める入社３年目の女性社員です。これまでは事務系の仕事をしてきましたが、秋に営業担当への異動が決まりました。今まではとにかく目の前の仕事を懸命にこなしてきて、最近になってようやく全体像が見え始め、「自分に何ができるのか考えたい」と思っていた矢先だったため、Uさんとしても異動をひとつのチャンスと嬉しい気持ちで受け入れました。

異動後しばらくは、新鮮な気持ちで意気揚々と取り組んでいましたが、しばらくすると何となくやる気が起こらなくなっている自分に気づきました。色々と考えても、何が原因なのかよく分かりません。そこでUさんは思い切って社内にいる産業カウンセラーの資格を持つ先輩に「今の仕事に不満があるわけではありません。ただ何となくやる気が起こらなくなっている気がするんです」と相談をしてみることにしました。

その先輩は、「やる気が起こらない」というUさんを、「もしや、うつ状態なのでは」と心配し、「体調はどう？」「眠れてる？」などの質問をしましたが、特に心身の不調はない様子でした。

先輩はUさんの気持ちをより理解するため、色々と質問をしてみました。「これまでやる気が大きかったからこそ、今やる気が出ないって感じているのでは？　これまではなぜ、やる気を持てていたの？」

すると、質問に少し驚いたUさんは、静かに自分の気持ちを話し始めました。

「これまでは、とにかく皆について行くので精一杯で、先のことはあまり考えていなかったかもしれません」「考えない時はやる気があって、自分のことを考え出したらやる気がなくなるのは、なんか情けないですね」とこぼしました。

先輩はその言葉を聴き、「大事なことを考えているからこそだと思うよ」と伝え、「これまで、どんな仕事が興味深いと感じていたの？」「何か、自分の中で将来のビジョンなどあるの？」など、さらに質問をしていきました。質問を受け、先輩に自分のことを説明していくなかで、Uさんは今の仕事の意味や重要性を改めて認識し、未来のことは継続して考えながらも、先輩に話を聞いてもらうことで、徐々に今の仕事にも意欲を持って取り組めるように変化していきました。

話を聴いてもらい、相手に分かってもらえると、気持ちがすっきりします。これを『一人称語り（ナレーティング）の効果』と言います。相手に理解してもらえる「一人称の語り」に成功することで、「伝えようと思えば伝えられる」「心の内を外に出せる」「分かってもらえる」という状態になり、これがすっきり感と自信につながるのでしょう。ただし、この効果は、これだけに留まりません。人に話をするためには、まず自分に目を向け、自分が感じていることに気づき、それを言語化するプロセスを要します。そして、言語化する際には、相手に分かってもらえる言葉を選んで伝える必要があります。そして、相手に分かってもらうために説明を修正していく過程で、自らの過去の体験と新しい体験とに時間的かつ意味的な連続性がもたらされ、整理されていくのです。

この「一人称の語り」を安心して行えるコミュニケーション場面の設定こそが、適応支援に必要なことと考えられます。ラインケアにおいてもカウンセリングにおいても「相手を理解する姿勢を持つ」ことは最重要ポイントです。変化が発生した部下・社員に対しては「相手を理解するための対話」「『私』を主語にして話してもらうことに主眼を置いた面談」を少し継続的に実施することで、結果として自殺やうつ病の予防につながるアクションとなるはずです。

ポイント

- □ 配置転換などの環境変化は、自殺やメンタルヘルス不調の「ハイリスク期」。
- □ 「私」を主語に、過去・未来・現在を語るナレーティングが有用。
- □ 「自分」を伝えようとする中で、状況整理や自己理解や意味付けが進む。

14 実は個人的な出来事が不調の原因だった事例

若手のホープとして意欲的に仕事をしていた32歳の男性Ｖさんですが、ここ２週間ほど元気がない状態です。出勤しても、PCを前にボーッとしていることが多く、頻繁に離席してはトイレに行っている様子です。軽く話しかけると笑顔で応答はしてくるのですが、普段とは何か違う感じで、表情が浮かなく覇気がありません。

異変に気づいた上司は、「このところ、面倒な仕事を色々と任せて残業させてしまったからでは」「自分も忙しくて、あまりちゃんと話ができていないせいかも」など色々と思い当たる事柄が浮かびます。Ｖさんは、いつも笑顔で気持ちのよい挨拶をしてくれるために仕事を依頼しやすく、上司としてもつい頼ってしまう傾向がありました。

上司は、時間を取って話をすべく、Ｖさんを面談に誘いました。「最近、なんか元気がないみたいだね？」と聞いてみると、「いえ、そんなことはないですよ」と笑顔で応答してきます。「体調でも悪いの？」とさらにつっこんで聞いてみても、「いえいえ、本当に大丈夫です。ご心配、ありがとうございます」とのこと。多くを語ろうとしません。

遠慮している雰囲気も感じ、上司は「私に話しづらいことだったら、EAPに話をしてみたら？」と話し、多少強引とは感じながらも「EAPのカウンセラーはよく知ってるから、私から連絡をしておくよ」と勧めてみました。上司が心配してくれていることもあり、本人も「はい、では一度行ってみます」と答え、面接相談の予約を取りました。

面接当日、まずカウンセラーはＶさんに「上司の方が心配していらっしゃる様子ですね」と水を向けてみました。すると、少し口ごもった様子でＶさんは「ここは、本当に秘密は守られるのですよね？」と確認をしてきました。「大丈夫ですよ」と伝え、改めて守秘義務について説明すると、Ｖさんは「実は…」と話をし始めてくれました。

実は、付き合っていた恋人とすれ違いが生じ、「もう連絡をしてこないで！」と別れを切り出されたため、自分が話したいことを話すことも許されず、でも改めて連絡を取るわけにもいかず、悶々としていたとのことです。自分にとっては食事も摂れず、夜も眠れないほど深刻な事態なのに、上司に相談するわけにもいかず悩んでいたとのことでした。

「彼女のことばかり考えて、何にも手につかない」「逢って話したいけど、もうダメなんだと思う」と誰にも吐露できなかった苦悩の思いを話してくれました。「実は彼女と面識のある友人もいるのですが何となく言いづらく、このことは誰にも話せていませんでした。何か…別れを認めてしまうようで」と涙目で語るVさんは、カウンセラーに話ができたことで多少気持ちが軽くなった様子で、その後、しばらく面接を続けることになりました。

昨今、精神疾患にかかわる労災認定、安全配慮義務の解釈拡大など、勤労者のメンタルヘルス不調の背景は、業務関連のことが多く取りざたされる傾向にあります。しかし、不調の背景には業務関連のことばかりではなく、なかなか語られないものですが、このような個人的な出来事が隠されている場合も少なくありません。

特に管理職の場合、部下の不調の原因が個人的なことであった場合、「なんだ、原因は個人的なことか」「なんだ、単なる失恋かよ」と軽く受け止めてしまう傾向があるかもしれません。しかし、個人的な出来事の中でも、特に「喪失」に関連する出来事はメンタルヘルス不調につながる可能性も高く、注意が必要です。

ポイント

- □ 社員の不調は、業務外の要因に起因していることも少なくない。
- □ 喪失（人、物、場所、役割なども含む）は不調の要因となりやすい。
- □ 社外のほうが、最初の相談先としては話しやすいこともある。

15 すぐ泣く後輩の育成に悩む先輩の事例

先日、ある研修で知り合った28歳の女性Wさんから、後輩に対してどう関わればよいか悩んでいると相談を受けました。詳しく話を聞くと、後輩は入社して丸１年になる新人女性のようです。入社当初から頼りない印象があったようですが、丁寧で礼儀正しい態度に好感が持てたようです。しかし、今も初歩的なミスを繰り返し、なかなか成長が見られないとのこと。

例えば、顧客リストを渡して書類郵送を依頼しても、後で郵送漏れが発覚し、クレームを受けることも複数回あったようです。ミスをする度に、自分で今後の改善策を考え、涙ながらに反省の言葉を繰り返すので、「分かった、じゃあそうしてみよう」と伝えて任せるのですが、同じミスが繰り返されます。その度に、同じような改善策や涙の反省を重ね、またミスをする。Wさんも段々イライラしてきて、その新人を信頼できなくなってしまいました。

その後も後輩のミスは続きます。分かっているはずなのに報告が遅かったり、報告を求めてもおどおどモゴモゴして的を射ない伝え方に、Wさんのイライラはさらに募ります。「もう少し分かりやすいように伝えられない⁉」と後輩に注意した時には、ちょっと強めの口調になってしまいました。すると後輩は「ミスしないよう、言われた通りにと思っているがミスしてしまう。報告はどうしても怖くてうまく言えない」と泣き出してしまい、「仕事が合ってないのかも…」と退職をほのめかす言葉も口にします。

困ったWさんは上司に相談しましたが、後輩を泣かせたことを上司に責められ、後輩育成の不手際を叱られてしまったそうです。新しい要員を入れる余裕はない旨も説明され、Wさんが育てるしかない状況を確認することになったようです。後輩のメンタルヘルスにも配慮するよう上司から釘を刺されたWさんは、後輩をフォローするため自分の仕事を後回しにし、仕事が増える一方です。メンタルヘルスを意識すると、後輩に強く言えなくなり、自分は一体どうしたらよいのかと、Wさん自身も泣きたい気持ちになってしまいました。

私はWさんに対し、アサーショントレーニングで使うDESC法を後輩に教えてあげるよう提案してみました。DESC法とは、D（=Describe：事実描写）・E（=Express：説明や気持ちの表現）・S（=Specify：解決提案）・C（=Choose：選択）の順番で、困った場面での問題解決に役立つ台詞を用意する手法です。

例えば、ミスが起きた時の報告は以下のように構成できます。

「Wさん、すみません、先ほどミスを起こしました。報告させてください。
・先日私がWさんから送付依頼を受けた資料が届いていないとX社から電話があり、その場でお詫びしてすぐに送付しました（事実：D）
・改善策を早急にまとめたいと思います（自分の考え：E）
・Wさんもお忙しい時期だと思いますし（相手への配慮：E）
・大変申し訳ないのですが（自分の気持ち：E）
・今日か明日で1時間ほど打合せの時間をもらえますか（提案：S）
・難しいようでしたら明後日以降でも結構ですし、まずメールなどで素案を送ったほうがよければそうします（別の選択肢：C）
・Wさんに確認いただいたほうが対策の精度が上がると思うので（提案のメリット・結果：C）お力添えいただきたいのですが、お願いできますか？」

Wさんは後輩にDESC法を教え、ミスの報告と提案をDESC法を意識してもらうよう伝えてみました。そうすると、後輩から「事実」と「気持ち」が分けて報告されるようになり、発生した事象の背景がより明確に描写されるようになりました。事実が明確に伝わることで解決策を検討しやすくなり、Wさんのイライラも軽減したのです。後輩としては自分の気持ちや考えを伝えやすくなったためか、涙を流すことが減り、またミスの発生前にもDESC法を使って相談に来ることも増えた、と報告をもらいました。

新人が相談に来ない、という上司や先輩からの相談は増えていますが、聴くことと話すこと、その両方の円滑さこそ、コミュニケーションの基本なのだと改めて感じたエピソードでした。

※アサーショントレーニングとは

人間関係において、「言えない」ことで自分のストレスを高めたり、逆に「強く言いすぎる」ことで人間関係にヒビが入ることがある。他者への依頼や提案をする時、また反論や断りを入れる時など、対人関係で生じる葛藤場面において、相互理解を深め、お互いにとってより妥当な落としどころを見つけられるよう、相手の考えや気持ちや背景も尊重しながら自分の意見や思いを適切に（アサーティブに）伝える方法や考え方を学ぶトレーニング。

相手にも自分にもそれぞれ背景や考えや気持ちがあることを共通理解とすることで、お互いにとって最善の選択肢を取れることを目指すが、アサーティブに伝えることと、その要求を相手が受け入れることは別であるとの理解は重要。相手の拒否権も含めて尊重し、相手がNoを言った時に自分がどう行動するか（Noを受け入れる、自分でやる、その場を去るなど）を決める責任は自分にあると考えるのが、真のアサーションである。

ポイント

- □　コミュニケーションでは「伝える」側のスキルや意識も重要。
- □　アサーショントレーニングは、伝えることで相互理解を目指す方法。
- □　伝えて終わりではなく、その後のすり合わせこそ「コミュニケーション」。

16 震災後の「心のケア」のタイミング

2011年３月11日、歴史的ともいえる出来事に衝撃が走りました。東日本大震災が起きたのです。

揺れ始めた時、私は東京オフィスで名古屋オフィスのカウンセラーと電話をしていましたが、予想に反してなかなか収まりません。長いなと気になった瞬間、激しい揺れに襲われ慌てて電話を切り机にしがみつきました。書類や文房具や色々なものが次々と床に落ちていきます。「これは尋常じゃない！」と命の危険を感じながら、一方では冷静に「震源はどこだろう」との思いが巡ります。名古屋のスタッフに慌てた様子はありませんでした。東海が震源ではないと考えながら、携帯電話のワンセグテレビで状況を確認すると、津波警報が出ており、東北地方が震源と確認できました。その後に映し出された津波の映像は目を疑うものでした。

スタッフの安否確認を継続するも、仙台オフィスとなかなか連絡が取れません。しばらくして仙台のカウンセラーからメールが入り、無事が確認できた時は、胸を撫で下ろしました。仙台オフィスにも幸い大きな損傷はありませんでした。しかし、時間が経てば経つほど、津波の被害状況の甚大さが判明していきます。テレビが映し出す圧倒的な惨状を目の当たりにし、自分の無力さを感じずにはいられませんでした。

その後、弊社でも被災者の心のケアの支援を行いました。企業を訪問して個別にお話を伺ったり、仙台オフィスで面接相談を受けるほか、避難所に出向き自治体職員のケアなども行いました。ただ、「心のケア」の専門家として出向きながら、十分な力になれない自分の姿に情けなさも感じていました。もっと自分に能力があれば被災者の方を楽にできるのではないか。もっとスキルがあれば少しでも元気になってもらえるのでないか。悔しい思いに苛まれることばかりです。

実は当時、外資系企業を中心として、「すぐに現地へ出向き被災者へ心のケアをして欲しい」との依頼が複数寄せられました。海外の幹部たちはテレビの映像等で衝撃を受け、「大切な仲間に少しでも何かしてあげられないか」と考えたのだと思います。気持ちはとってもよく分かります。しかし、現地の担当者は「今は心のケアどころじゃない」と声を荒らげていました。同時に海外上層部の声を無碍にはできないジレンマもあるようでした。我々は「現地の判断を優先すべきだと思う」「今は対面面談より優先すべきことがあるはず」と説明を試みました。

多くの人に迷惑をかけてでも現地に出向き、たった一人の被災者にでも救いや支援を感じてもらえたら、そこに意味はあるでしょう。周囲に多くの負担をかけても、感動秘話として報道されれば、結果として多くの人の支えになるのでしょう。何が正しいのかは一概に分かりません。

昨今では、現地の方々の過度の負担を避けるため、時期に応じたケアの方法がまとめられつつあり、災害直後に現地入りしての支援行動を控える場合も多くあります。当時も、いたたまれない思いを抱きながらも、祈るように待機をしていた人がたくさんいます。動かないことは、時に動く以上につらく、私自身も含め今も無力感や罪悪感に苛まれている方は多いはずです。しかし、それでもなお、私自身は東日本大震災で「信じて機を待つ」ことの重要性も学んだと思っています。

ポイント

- □　災害等の惨事ストレス後の対応は心の健康や組織への信頼感に寄与する。
- □　しかし、支援の押しつけが逆効果となることもある。
- □　いつでも動ける準備をしつつ、現地の判断を尊重する、信じて機を待つ姿勢も必要。

17 人事担当者の知識が高まることによる影響

企業におけるメンタルヘルス対策は、この15年ほどでかなりの進展が見られます。メンタルヘルス・マネジメント検定試験などの普及もあり、人事労務管理スタッフや管理監督者の知識量は格段に増え、個別対応力も高まっています。以前は対応に困ったことも、今ではさほど困ることなくすんでいることも多いように感じます。

実は先日、以下のようなやりとりが弊社の顧客企業の人事担当者との間で発生しました。

人事：ちょっと相談を受けて欲しい社員がいるんだけど、いいかな？
弊社：もちろんです、どんな方なのですか？
人事：ちょっとうつっぽいみたいなんだよね。一応、精神科は受診させたんだけど、休職するほどではなさそうなので、そちらでフォローして欲しいんだよね。
弊社：そうですか、分かりました。ではどのようにして…（以下略）

以前であれば、この人事担当者から相談をいただくタイミングは「このところ元気がなく、朝仕事に来られない社員がいる」という時点が多く、こちらの方で「分かりました、では一度詳しく本人のお話をお伺いし、必要に応じてこちらで医療につなげます。本人の承諾のもと、詳細をご報告します」などと、受診するかどうかの判断や医療機関情報の提供、受診の仕方の説明など専門医につなぐための支援をすることが多かったといえます。

この頃はこの人事担当者のように、過去に社員が受診した医療機関をリストアップし、医療機関の評判も社員から聞いていて、今では必要時に使える医療機関がすぐ分かるようになっています。精神科への紹介なども、以前は弊社の方で行っていたものの、人事担当者がスムーズに行える状況になっています。

1994年の弊社の調査によると、東証一部上場企業の人事担当者のうち、EAPという仕組みを「知っている」と答えた割合は10%にも満たない率でした。当時は多くの人がダイアルアップでインターネットに接続していた時代です。EAP活動を振り返ってみても、人事や管理職から紹介された社員が相談してくることはあまりなく、自発相談が中心でした。紹介があっても、ほとんどが丸投げ状態だったと記憶しています。

2000年に旧労働省から出された「メンタルヘルス指針」（「事業場における労働者の心と健康づくりのための指針」）により、人事労務管理スタッフとしても「メンタルヘルス対策も自分たちが中心でやらないといけないのね」と腰を上げ始めたように思います。2005年の労働安全衛生法の改正の際は、メンタルヘルス指針も改正され、メンタルヘルス対策推進者の選任が努力義務とされました。メンタルヘルス・マネジメント検定試験は、これらを追い風として普及していったといえます。

このような流れを経て、今、メンタルヘルス対策を推進していく人事労務管理スタッフは、メンタルヘルス・マネジメント検定試験に合格するなどして確実に知識やスキルを高めているといえます。経験の少ないカウンセラーや、若い産業医なども到底追いつけないと思えるほどの人事担当者も多くなっています。健康と病気の境目が曖昧になっていく中で、ハイレベルな人事担当と対等にやりとりができる「こころの専門家」をいかに育成していけるのか。今、この点も大きな課題となってきています。

ポイント

- □　メンタルヘルス問題に取り組む人事担当者の知識・経験は向上している。
- □　メンタルヘルス・マネジメント検定試験は効率的な学習教材のひとつ。
- □　人事担当者のスキルアップにより、専門職のさらなる研鑽も促されている。

18 「スクリーニング」の難しさを考える

2015年から一定規模の企業の義務として実施されているストレスチェックですが、元は「うつ病の人を見つけて自殺を減らす」ことを狙って検討が開始された後、紆余曲折を経て「一次予防」を目的にセルフケアに役立てるものとなりました。今でも従業員や採用応募者を対象に「病気の人や危ない人を事前に見つけ（スクリーニングし）たい」との企業からの声はありますが、スクリーニングの課題も知っておく必要があります。

精神的健康を測るとなると、測定対象の特定が困難です。勤労者のメンタルヘルス不調の多くはうつ病ですが、それ以外の様々な疾患もあります。「不調者」を探すならうつ病のチェックでは不十分です。といって、ストレスの数値を測ることで精神疾患を発見できるわけでもありません。何をもって精神的健康度と見なすのか、まずここがとても難しい点です。

メンタルヘルス・マネジメント検定試験２種（ラインケアコース）の公式テキストにも記載がありますが、ある検査が不調者を正しく「不調（陽性）」と判定できる確率を“敏感度”、不調でない人を正しく「不調でない（陰性）」と判定できる確率を“特異度”といいます。記述式など自己申告に基づくものなら、全員が正直に回答するとも限りませんし、そもそもどんな検査も100％の精度を有するわけではありません。

ストレスチェック法案の検討過程で「職場におけるメンタルヘルス対策検討会」において東京大学の川上憲人先生が使用した説明資料に載っていたうつ病のスクリーニング検査（サンプル）の敏感度は90％以上、特異度60％以上となっていました。また全般的精神的健康度を図る検査の敏感度は75％以上、かつ特異度は70％以上でした。

厚生労働省による「こころの健康についての疫学調査に関する研究」では、何らかの精神障害を１年間に経験した日本人は10人に１人（10％）と報告されています。この数字を踏まえ、実際に社内で不調者のスクリーニングを実施した場合をイメージしてみましょう。

1,000人の会社で、うつ病をスクリーニングする検査【A】（敏感度90%、特異度は60%）を使用したとします。社内の不調者は10%と想定すると、ざっと100人いるはずです。

不調者100人		健康者900人	合計
陽性	検査でも不調（陽性）判定 100人×90%＝90人	検査では不調（陽性）判定 900×40%＝360人	450人
陰性	検査では健康（陰性）判定 100人×10%＝10人	検査でも健康（陰性）判定 900×60%＝540人	550人

この検査で陽性（不調）と判定される人は450人ですが、本当に不調なのは90人であり、他の360人は偽陽性（本当は不調じゃないのに検査で不調と判定される）です。では、全般的精神的健康度を図る検査【B】（敏感度75%、特異度は70%）を実施したとしたら、どうでしょう。

不調者100人		健康者900人	合計
陽性	検査でも不調（陽性）判定 100人×75%＝75人	検査では不調（陽性）判定 900×30%＝270人	345人
陰性	検査では健康（陰性）判定 100人×25%＝25人	検査でも健康（陰性）判定 900×70%＝630人	655人

この検査で陽性と判定される人は345人です。本当に不調なのは75人で、他の270人が偽陽性です。検査同士を比較すると、うつ病をスクリーニングする検査【A】よりも全般的精神的健康度の検査【B】のほうが、偽陽性が少ないことが分かります。

敏感度が高いとは、メンタルヘルス不調者を確実に見つけるということですから、例えば「憂うつである」などの項目にひとつでも点数がつけば「不調の疑い」と決めてしまえば、うつ病の人を確実に見つける、面談につなぐことはできそうです。しかし同時に、うつ病ではない人も数多く「不調の疑い」の中に入ってくる（偽陽性が増える）のは感覚的に理解できる部分です。

では、検査【B】のほうが検査【A】よりも優れているのかというと、検査【A】で不調と出た人の中での真の不調者の割合は、450人中90人、検査【B】では345人中75人でどちらも約20%、5人に1人です。

一方、検査で「不調でない」とされた人の中に、実際には不調の人がいる（偽陰性）ことも忘れてはいけません。この割合は、検査【A】で550人中10人（約2%）、検査【B】で655人中25人（約4%）となります。この点では、検査【A】のほうに分があります。このように、スクリーニングテストの良し悪しは一概には決められません。

2016年の厚生労働省の調査では、59.5%の労働者が「仕事や職業生活に関する強い不安、悩み、ストレスがある」と答えています。「強いストレスがある人」を探してケアをするとなると、社員の半数以上が対象となってしまいます。何らかのスクリーニングをする場合、どういう検査を用い、どういう基準で判断するかは、その後の対応に大きく関わります。偽陽性が多いほど、フォローの対象人数が増えてコストが増大する、無用・過剰な配慮が必要になる、本当は健康なのに採用されない、等々様々な「無駄」も増えるわけです。病気に限らず、「スクリーニング」の仕組み作りの際にはこうした点にも十分な注意が必要です。

ポイント

- □ **あらゆる検査には、敏感度と特異度の限界がある。**
- □ **敏感度は全てを発見できない、特異度は過剰に発見することを示す。**
- □ **何かを「選ぶ」スクリーニングの設計時は、この両側面を踏まえて考える。**

19 ハイリスク期対応と、意味を問う質問力

平成22年（2010年）の厚生労働省「自殺・うつ病等対策プロジェクトチーム」による報告書では、自殺防止対策とあわせ、地域・職域におけるうつ病・メンタルヘルス対策の一層の充実を図るために、今後の厚生労働省の対策が５つの柱で示されており、その中に「職場におけるメンタルヘルス対策」が含まれます。

この具体的内容は、メンタルヘルス対策の推進を担う方であれば、特に目新しく感じる内容ではないかもしれませんが、私はその内容の中にある「配置転換後等のハイリスク期における取組みの強化」という項目に着目しています（事例13でも記載しましたが改めて掲載します）。

「民間団体が行っている自殺の実態調査から、配置転換や転職等による『職場環境の変化』がきっかけとなってうつになり自殺する人が少なくないことが分かっている。そうした実態を踏まえて、配置転換後等のハイリスク期におけるメンタルヘルスに関する取組みを強化し、問題が悪化する前に支援へとつなげる。」

具体的には、「配置転換などの環境変化を捉え、変化が発生した社員に対して上司がヒアリングをするなど、コミュニケーションを厚くする」という関わりになるかと思います。

私がなぜここに注目しているかというと、メンタルヘルス対策のターゲットが不調者ではないからです。ハイリスク期は、将来不調になる可能性が高いとされるイベントを捉えています。対策のターゲットは、環境変化が発生した健康な社員が中心であり、本項目は厚生労働省が一次予防（発生予防）の具体的な狙いどころを示した、興味深い対策内容と受け取っています。

さて、職場のメンタルヘルス対策では、早期発見・早期対応が重要とされています。その中心はラインケアであり、ラインケアのコミュニケーションでは、「いつもと違う点を捉え、共感的に傾聴する」が基本です。枠組みは次のように整理できます。

・対象：メンタルヘルス不調が疑われる社員
・目的：早期発見・早期対応
・時期：「いつもと違う」を見出したタイミング
・方法：不調を共感的に傾聴する

一方、配置転換後等のハイリスク期での対応は以下のようなコミュニケーションになるはずです。上司もその社員の「いつも」を把握できていないわけですから、「いつもと違う」を捉えることができません。まずは、その社員を理解し、適応を支援していくアプローチが大事といえるでしょう。

・対象：環境変化が発生した社員
・目的：職場への適応
・時期：事前に定めたスケジュール
・方法：下記にて

では、社員への理解を深め、適応を支援するコミュニケーションは、どのようなアプローチになるのでしょうか。健康状態の確認も大切ですが、相手はさほど健康を崩してない社員が中心ですし、配属後すぐに上司に「眠れないんです」とも話しにくいでしょう。また、ハイリスク期対応の目的が「適応支援」だからといって、適応状況を直で質問しても、社員は「皆さんよくしてくれます」などと無難に答えてくるように思います。私は、コミュニケーションの方法として「仕事の意味を問う」やりとりができると、新しく配属された社員の「人となり」が出て来やすいと感じています。

ただ、「仕事の意味」の問いかけも結構難しいと思います。以前、ある管理職から質問を受けたことがあります。意味を問うと、社員が以下のように答えてくるので返答に迷うというのです。

上司：Ｙさんにとって、この会社で働くってどういう意味があると思う？
Ｙ氏：えっ？別にご飯を食べられれば何でもいいですよ、私は。

上司：Ｚさんは、仕事上で楽しいとかやり甲斐ってどういう時に感じる？
Ｚ氏：仕事には楽しいとか求めてないですね。

このように、正面から「意味」を問うと、答える難しさ、抵抗、恥ずかしさなどが出てくることが多いとのことでした。加えて、「あまり面白くない正解」を返される場合も多いとのこと。ただ、顧客に同行した際など、「この課題ってどんな意義があるのでしょう」など話をすると、各社員も生き生きと考えを話してくれて、それを「そうですね」「いいですね」と聞いていくと、とても嬉しそうな表情をするというのです。

仕事の意味を問うというのは、直接的に意味を質問することではありません。「どうですか？」「仕事、慣れてきましたか？」「分からないことはないですか？」という質問に始まり、「今回の異動って、自分の中でどう受け止めていますか？」「どんなことをしたくて、この会社に入ったのですか？」とか、「それって、学生の時から興味あったのですか？」などと質問を深めていくことができると、自然と社員は個人的なことも含めて自分のストーリーを話してくれるはずです。その社員と仕事とのつながりを話してもらえるような問いかけが「仕事の意味を問う」ということになります。

社員の「いつも」を理解するのは、時間がかかります。理解が進めば接点も増えて、その後のコミュニケーションも円滑となり、指導もスムーズに進むでしょう。メンタルヘルス対策の一次予防策は「有事対応」ではなく「いつものコミュニケーション」を高めていくことといえそうです。

ポイント

- □　環境変化後には「いつもと違う」の把握は困難。
- □　定期的な面談や「仕事の意味を問う」関わりが有用。
- □　業務への考え方や仕事の来歴を語ることは「意味」を語るに等しい。

新型うつの罠〜Aさんの事例〜

「新型うつの社員がいるんですが、一度本人と会ってみてくれないですか？」と、人事担当のBさんから私宛に連絡が入りました。

Bさんに詳しく話を聞いてみると、当該社員Aさんはキャリア採用３年目で、仕事はそこそこできる社員とのこと。Bさんいわく、「とにかく否定的で、人の悪いところばかり言ってくる」とのことでした。上司から注意を受けると、明らかに不満な態度を示して翌日休んでしまい、職場としても困っている様子でした。

Aさんの採用にBさんが関わっていたこともあり、職場の課長からBさんが相談を受け、Aさんを呼んで話を聞いたようでした。時間をとって話をしたところ、Aさんは相当に上司や会社に対して不満を抱えている様子で、「整理のためにも一度、外部のEAPに相談してみては」と勧めてみると、意外にもAさんが同意したとのことでした。

相談室に来たAさんは、自分からよく話をしてくれ、むしろ会社のことをよく考えている方だと感じました。「会社のために、こんなに一生懸命尽くしているのに、会社は自分の頑張りを認めてくれない」と切に訴えて来られます。そして、会社の一番の問題点は「よいところを見ようとせず、悪いところばかり指摘してくる風土にある」と言っていました。「そういう風土が人材育成を阻んでいる」「もっと人のよいところを見ないと社員が腐っていく」と指摘をされていました。

休みを取ることについては、「上司から注意を受け、納得できない時は翌日休むようにしている」「会社に対して行動で示さないと会社は分からないので」とおっしゃいます。本人は、「誰かがアクションを起こさないと会社は変わらない」と使命感を持って動いている様子でした。

なお、不眠などもあったようで、既に数カ月前に自分で精神科を受診し、治療は受けていることも話をしてくれました。受診の事実は会社にも伝えているとのこと。また、会社を休むのは有休の範囲内のようですが、休んだ日は、気晴らしに近所のジムに行って身体を動かしています。「嫌な気持ちを長引かせないためにも、セルフケアを心がけている」とのことでした。

ある時期から「新型うつ」として紹介されてくる社員の方が増えています。ご存知と思いますが「新型うつ」という診断名はありません。いまや「わがまま社員」という烙印になっているような印象もありますが、定義が不明確で、曖昧かつ危険なレッテルといえます。

そもそも職場に余裕がないと、面倒な社員は周囲から疎まれ「やっかい者」とラベルを貼られてしまうことは、これまでもよくあったものと思います。カウンセラーは、ラベルではなくその中身を確かめようと先入観を持たずにじっくりと話を聴いていくからこそ、人事や職場の抱く印象と異なる理解を得られる機会が多くなります。もしも本当に否定的風土がある職場ならなおさら、紹介者が語る印象のままカウンセラーが相談を受けてしまうと、社員と会社を結ぶどころか切り離す方向にしか働かないでしょう。

「新型うつ」という言葉はとても便利な言葉です。分かったような気になります。だから使うとちょっと気持ちいいと思います。そしてそれこそが「レッテル貼り」の魔力なのです。けれど、実際に「新型うつ」とされる方々の話を聴くと、困っていること、考えていること、会社への思いなどは実に様々です。そこにいるのはあくまでひとりの人間です。「新型うつ」という概念でもって人間理解を止めてしまうのは、切り捨ててしまうもの、失うものが大きすぎるのではないでしょうか。

同時に、職場が「やっかいだ」と感じる事態であることもまた事実です。「使命感から」休むＡさんを、職場が正義の闘士ではなく仕事を任せられない勤怠不良者と受け取るのは至極当たり前です。カウンセラーが「Aさんは悪くない」とだけ叫んでみても始まりません。職場側の大変さを理解する姿勢も、カウンセラーには当然に求められます。

職場の方が困った社員に対して「新型うつ？」と思ってしまうことは仕方ありません。それ自体は問題ではなく、むしろその感覚や情報が、皆さんやカウンセラーが相手の方を理解する助けやきっかけになることも多々あります。

これは私から皆さんへのお願いになりますが、「新型うつ？」で理解を止めてしまうのではなく、「なぜ彼はそのように行動しているのか」「彼はどういう思いを持っているのか」「会社がすべきこと、できることはあるのか」と、迷惑行為や腹立たしさの背景を想像する瞬間を持っていただければと思います。そうして事態に対する理解を深めるように努めることが、問題解決の糸口になると感じています。簡単ではありません。腹も立つと思います。だからこそ、私たちカウンセラーと職場の皆様との情報共有や対話が、そうした理解を深める助けになっていければと願っています。

ポイント

- □ 「新型うつ」「現代型うつ」などの言葉は事象を単純化し思考を停止させる。
- □ 問題解決には迷惑行為の背景にある個別の事情を理解する姿勢が必要。
- □ 「職場が困っている事実や周囲の不満」も、状況理解に大切な情報。カウンセラーと共に解決を目指す際にはぜひ情報共有を。

21 退職を決意したCさんに起こった事例

Cさんは休職に入って11カ月になる40代の社員です。これまでもうつ病による休職・復職を繰り返しており、前回は５カ月の休職後、EAPで復職をサポートし、リハビリ出社を行って職場復帰しました。２カ月の慣らし勤務を経て通常勤務となった後は何とか勤務を継続していましたが、再休職の通算される期間である１年が経過した直後に再度休職になりました。本人も、再休職を狙ったように見えるこの時期に休みたくなかったのですが、朝起き上がれず、出社できない状態が続き、ドクターストップとなりました。

Cさんは、前回の復帰時に退路を断つ覚悟で「もう休職はしない」と周囲に宣言したために立つ瀬のない思いが強く、調子が悪くなってからは「休職するなら退職したい」と漏らしていました。しかし会社からも主治医からも「今は重大な決意をしないで、ゆっくり休むのがよい」と言われ、しぶしぶ休みに入ったそうです。休職期間を通算する期間は過ぎているため、再び最大３年間休める上に１年間は給料も出ます。

Cさんには、以前から「退職したい」という希望があり、ここまで休んできたことに罪悪感もありました。しかし、また１年近くも給料をもらって休んだことで、Cさんには「会社に恩を返さないと辞められない」という思いが湧いてきました。実は上司は「もう戦力として期待できず、できれば戻って欲しくない」と考えていましたが、職場もCさんにそんなことが言えるわけでもなく、「よくなることを待っています」と伝えていました。

会社から「待っています」と言われると、Cさんの「戻らなきゃ」との思いは高まります。お互いが気を遣い、本心を言えない状況に陥っていました。職場復帰の支援体制が整うほど、類似の状況は増えているかもしれません。

私はCさんの意向を本人の許可のもとに会社に「Cさん、退職されたいようです。ただ、ここまでよくしてもらった会社にそんなことは言えないと気を遣っておられます」と伝えました。会社はもちろん「そういうことであれば、会社としては全然問題ないので、『残念だけど、そういうことであれば無理しないで欲しい』と伝えてくれ」との返答でした。

Cさんに会社の意向を伝えたところ、Cさんは安心した様子で「肩の荷がおります」と言っていました。これで一件落着かと思いきや、事態は違う方向へ展開します。実際に退職となったら、Cさんの妻が猛烈に反対してきたのです。「この状況で転職は難しい。今の会社に残らないと自分も子供も路頭に迷う」と主張し、Cさんも退職願を会社に出せなくなってしまいました。Cさんも困っていましたが、結局退職の判断はまた保留され、休職は延長されました。

本事例では、退職という選択が社員一人の意志以外の影響を受けることに気づかされました。現在、再休職時の通算規定が浸透し、以前よりは短期間での休職復職の繰り返しは減りましたが、休職満了間近のトラブル、もしくは通算による満了に関する相談は増えています。満了前には早めの情報提供を行い、家族へのケアも想定するなどの配慮も必要だと感じています。

ポイント

- □ 休職期間の通算規定は、短期・頻回の再休職を防ぎうる。
- □ 休職制度の利用が前提になると、退職のきっかけを失うこともある。
- □ 職場・本人・家族それぞれの意向を踏まえた制度運用を心がけたい。

22 連携対応の難しさ〜上司から紹介されたDさんの事例〜

私がまだ駆け出しの頃の経験です。ある会社のE課長より「最近、仕事を休みがちな社員がいる」と電話がありました。E課長は「新しい係長との折り合いの悪さが原因だろう」とおっしゃっており、「DさんにEAPを勧めたので、本人と会って医療が必要なら紹介して欲しい」と依頼されました。

私は「分かりました。まずはご本人のお話をお伺いしてみます」と応えて電話を切りました。ただ、以下の内容を細かく記録していなかったため、記憶が曖昧なまま、後日Dさんとお会いしてしまいました。

・課長はどのような言い方で、EAPをお勧めいただいたのですか？
・私にお教えくださった内容は、ご本人にも「EAPに伝えておく」と共有されていますか？　課長から連絡があったことはご本人にお伝えしてよいですか？
・お話の中で、Dさんには伏せた方がよい部分はありますか？
・Dさんから連絡をいただけたら、課長に報告を差し上げてよいですか？

職場からの紹介で相談室を訪れる方は、「自分はこんな所に来たくなかった！　上司に言われて仕方なく来た」という気持ちを抱きがちです。不機嫌そうな方、公然と不満を訴える方もいます。Dさんも不機嫌そうな顔でお越しになり、私はなんとかなだめ労いながら、恐る恐るお話を伺いました。

・E課長からはどのように言われて、こちらにお越しになりましたか？
・こちらにもE課長から連絡をいただき、「Dさんが最近、仕事を休みがち」と聞いたのですが、如何でしょう？
・係長との折り合いがよろしくないのですか？

不機嫌ながらも徐々に打ち解けつつあったDさんは、私の最後の質問に表情を一変させました。「それ、課長が言ったのですか？」「別に折り合いなんて悪くないですよ！」と立て続けに追及をして来られ、私はその勢いにたじろいでしまいました。

瞬間的に、「まずい！　これはDさんに伝えてはいけない情報だったのだろうか？」「いや、ちゃんと確認はしたはずだけど…」と焦ってしまい、「いやぁ、えーっと、そういうこともあったのかなぁと思いまして…」など苦しい言い訳をして何とかその場をやり過ごしました。

後でＥ課長に再確認したところ、やはり「言ってもらって問題ない」とのことでした。私が細かくメモを取っていなかったため、自信を持って「はい、課長にも了承を得てお話しています」と言えなかったことで、Dさんには不信感を与えた可能性があります。心苦しい経験です。

周囲を巻き込む問題ほど、連携対応が重要です。ただ、この事例で分かるように、連携時には情報管理に関して配慮すべきポイントが種々あります。しかし、共有すべき内容を全て文書に記載し、毎回開示承諾のサインをもらうような対応は現実的ではありません。臨機応変な対応も求められます。

何を事前に確認しておくべきか、どこまで文書で承諾を得ておくかなどは、私は失敗から学ぶことができました。失敗をもとに、繰り返し困難事例に対する対応シミュレーションを行うことで、対策に活かしています。

ポイント

- □　**専門家に部下を紹介する際は、情報管理が複雑になる。**
- □　**専門家との間で、本人に伝える情報と伏せる情報を明確にしておく。**
- □　**職場での問題や本人への紹介目的の伝え方などは、特に慎重に確認する。**

23 脅しを伴う指導の悪影響～営業課長Ｆさんの事例～

営業部門の課長Ｆさんと主任Ｇさんは付き合いも長く、阿吽の呼吸で動ける貴重なパートナーでした。意見の違いでぶつかることもありましたが、お互いの信頼は厚く、尊重し合って仕事ができていました。

しかし、ある時ボタンのかけ違いが発生します。主任のＧさんは丁寧な性格のせいか目の前の対応を優先してしまい、その結果、次の約束に遅刻するなど時間管理に難がありました。仕事はしっかりやるので、課長Ｆさんは注意こそすれ、基本的には大目に見ていたようです。

ある日、重要な会議にＧさんが遅刻しました。機嫌もよくなかったＦさんは、会議後にＧさんのもとに行き、「お前、いい加減にしろ。何度同じこと言わせるんだ。次やったら全て常務に報告するぞ！　ウチにいられなくなるからな！」と語調を荒らげて叱責しました。Ｇさんは、これまでにないＦさんの剣幕に驚き、恐怖を感じたようです。

これまでも度々注意はされていたものの、急に出てきた脅しのような表現に、Ｇさんの頭の中で配転や降格、解雇の文字が思い浮かびます。売り言葉に買い言葉、Ｇさんも「じゃあ課長の領収書の件もコンプライアンス窓口に訴えますよ！」と、自分でも思わぬ言葉を言い放っていました。二人は共にある程度危ない橋を渡ってきたこともある関係です。叩けば出る埃もあるのでしょう。

Ｇさんの逆ギレを受けたＦ課長、さらに激昂して「何だと？やれるもんならやってみろ！　この恩知らずめ！」と吐き捨てて去っていきました。それ以降、Ｇさんはきっちり時間管理をして仕事を遂行していますが、二人の会話は一気に減り、部署の空気も相当に悪くなってしまいました。

話は変わりますが、先日昼食に入ったお店で、隣に子どもを連れた家族が座りました。食事中、両親は子どもに向かって、「早く食べないと遊びに連れて行かないわよ」「静かに食べないともう何も買ってあげないよ」「残さず食べないとオヤツはあげないわよ」とずっと注意しており、横で聞く私は窮屈で胸が苦しくなりました。

脅しによる指示は、相手の行動をコントロールする際に瞬間的には効果的なのかもしれません。しかし、不安を喚起させて相手を動かそうとすることは、相手のメンタルヘルスによいとは決して思えません。加えて、もともと不安が強い人に「脅す」という方法を用いると、相手は過剰に自分を守ろうとするはずです。過剰防衛は「反撃」「逆ギレ」と映り、思わぬ紛争状態が引き起こされる可能性が高まるのです。

メンタルヘルスやパワハラの相談を受けていると、一度損なわれた信頼関係を再構築するのは本当に難しいと感じます。「クビだぞ」「言いつけるぞ」など悪いビジョンを回避させようと動かすのでなく、あるべきビジョンを指し示し、共に進むアプローチのほうが、メンタルヘルス・マネジメントとしても理想なのだと思います。

とはいえ、何度指導しても行動を修正しない部下に対し、職場の規律を守る観点から最終手段として「罰」を示す必要がある場面も考えられます。厳しい内容を伝える時ほど極力穏やかに伝えるという冷静さも、現代の管理職には求められるところでしょう。

ポイント

- □ 恐怖の回避を目的とした脅しによる行動の強制は、相手の消耗や恨みにつながる。
- □ 理想への接近を目指した指導は、やりがいや成長実感にもつながる。
- □ 信賞必罰。「罰」を行使すべき時ほど、冷静に伝える。

24 不調の兆候がない無断欠勤者への対応

とある会社の人事担当者から「社員が出社して来ないのですが、どうしたらよいでしょう？」と電話を受けました。詳しく聞くと、ある部署の若い女性社員が無断で出社してきていないようで、こういう場合に会社としてどう対応するべきか教えて欲しいとのことでした。

職場の管理職が、朝から当該社員の携帯電話に連絡を入れているものの、折り返しがない状況です。「自宅まで行くか」「家族に連絡をするか」など、どこまでのアクションをどういう目安で行うのか迷っていらっしゃいました。

この人事担当の方は、社員の無断欠勤に対処するのは初めてで、現場の管理職からの問い合わせにどう回答するか悩んでいました。こちらから「その社員がどういう方なのか」を質問すると、「普段の様子は特に問題なく、健康状態も問題なさそうだった」との認識を部署の管理職は持っており、「仕事ぶりも問題なく、よく笑う明るい子」との評判だそうです。もちろん、これまで無断欠勤などは１回もありません。

社員がメンタルヘルス不調を疑われていた場合なら、すぐに自宅を訪問してみるべきだと思います。最近、様子がおかしかったなど、「いつもと違う様子」があった場合も、「すぐに自宅を訪ねるべき」とお伝えしています。しかし、そういった危険性が極めて少ない場合において、自宅に赴いて安否確認をすべきなのか、私自身も明確な答えを持っていませんでした。

結論を言うと、「とりあえず、心配だから家まで行ってみよう」と話していた矢先に社員本人から電話があり、「昨日飲みすぎてしまい、知らないうちに目覚まし時計も止まっていて、起きたらこの時間で自分でもびっくりです！」とのことでした。「今すぐ出社します！」と元気な声で電話が切れたようで、皆でホッと胸をなで下ろしたのでした。

この後、弊社内で「特にメンタルヘルス不調の兆候を伴わない社員が無断欠勤した場合、会社側はどう対処すべきか」が議論になりました。「下手に自宅を訪問するのは、逆に大ごとになってしまう」との意見も出ました。

そこで法律の専門家に意見を求めました。結果は、「社員が無断欠勤し音信不通になった時、どんな場合であっても、一般的に会社が本人の安否の確認・安全の確保に努める必要があるとまでは言えないと思う」「ただし、職場での本人の様子に心配な点が見られ、誰も本人の安否を確認したり保護する人がいないにもかかわらず、会社が安否確認もせずに放置し、その間に自殺してしまったというような極端なケースを想定してみると、会社には本人の安否の確認・安全の確保に努める責任は一切ないとは言えないように思う」とのことでした。

つまり、本人の安否の確認・安全の確保に努める必要性が生じるのは、音信不通となる前の状況から自傷他害のおそれなどが認められ、家族等による安否確認がなされる見込みがなく、かつ容易に安否確認等をする方法がある場合といえそうです。

ただこれは、あくまで法律や責任の話です。何の予兆もなく倒れる病気もあれば、事故や事件に遭遇した可能性もあるわけです。無断欠勤などが生じた際には、①本人への連絡を試みる、②家族等に状況を伝え協力を依頼する、③自宅を訪問するなどのプロセスを、時間を切って検討・実施してください。プロセスを経ての自宅訪問であれば大きな問題にはならないはずです。

ポイント

- □　全ての無断欠勤時に会社が安否確認・安全確保に努める必要はない。
- □　実務上は、本人・家族への連絡の次に自宅訪問を検討する。
- □　不調の予兆がある場合、訪問と家族連絡を並行するなど迅速に対応する。

25 「傾聴トレーニング」を改めて問う

産業カウンセラーの資格を持つ人事担当者の方と雑談をしていた際、次のような話になりました。「社内で管理職に傾聴トレーニングを実施しても、しばらくしたらすぐに元に戻っちゃうんだよね」

また、違う会社の人事担当の方は自分のこととして、このような話をしていました。「傾聴なんてしていたら、身が持たないですよ。話を聴いてもらえると思うと、いろんな管理職が次々と話しにやってくるから、対応に追われて自分自身が健康を崩してしまいそうです」。私は傾聴の難しさを改めて考えさせられました。

企業におけるメンタルヘルス対策に関する調査では、その具体的な内容として、「相談窓口の設置」「管理職研修の実施」が、大抵トップ2を占めているわけですが、管理職研修の具体的内容として「傾聴トレーニング」「アクティブ・リスニング」を実施したことのある企業はとても多いのではないかと思います。私自身、傾聴トレーニングの研修は何回登壇させてもらったか、数え切れません。

この傾聴スキルですが、実は危険なスキルであることは、あまり認識されていないように感じています。なぜ危険なのか？ 傾聴スキルが優れていると、上記のように色々な社員が「話を聴いて欲しい」と集まってくるようになります。話を聴いてもらえると思うと、さらに話を聴いて欲しいと希望する社員が多くなり、傾聴スキルに長けた管理職や人事担当者は、自分の仕事が後回しになるほど忙しくなって負担がかさんでしまうのです。そうなると、傾聴姿勢は長続きしません。

ある新任管理職は、自分が大変な状態の時に上司が親身に話を聴いてくれたようで、「とても救われた経験がある」と教えてくれました。「自分自身も、部下がつらい時に話を聴いてあげられる管理職になりたい」と研修でおっしゃっていました。しかしその後、メンタルヘルス不調で休職してしまいました。聞くところでは、多くの部下が仕事の不平不満を述べ、部署や組織の問題点を指摘し、また負担の大きさを口にしていたようです。その方はそれを懸命に聴くようにしていたようですが、聴くだけでは済まさず、自分が部下の仕事を吸収しようとして抱え込みすぎて倒れてしまったようでした。

傾聴スキルは、自分が相手の話を聴けるようになるためのスキルというよりも、相手に「話を聴いてもらえた！」と感じてもらうためのスキルといえます。共感が大事といいますが、共感を「する」ことより共感を「示す」スキル。理解も「する」ことより「示す」スキルが重要です。

このように、傾聴スキルは効果的・効率的にソーシャルサポートを示すスキルといえるのですが、上述したような副作用を伴うことがあります。この副作用にどう対処するのかを伝えておかないと、優れた管理職や人事担当者が潰れてしまうことになり兼ねません。例えば、話を聴く際は時間を区切ること、「聴くこと」と「対応する責任を引き取ること」は異なると理解しておくこと、自分自身の話を聴いてもらえる専門家を持つことなど、自分を守るスキルも併せて伝えていくことが必須と考えています。

ポイント

- □ 傾聴には、聴けば聴くほど、聴いたほうが大変になる側面がある。
- □ 「聴く」ことと、肩代わりすることや要求を飲むこととは異なる。
- □ 「人のため」との思いや責任感で、他人の責任まで背負わない。

26 メンタルヘルス対応に人事担当が絡む意義

EAP では、人事の方からのご相談をいただくことも多々あります。人事の方から「部下のことで対応に迷っている管理職に対して、どのように対応すればよいのか？」とご相談をいただきます。

実際の事例の詳細は以下ような感じです。

Ｈさんはこのところ浮かない顔をしており、仕事も休みがちです。同僚のＩさんが心配して、Ｊ係長に「Ｈさん、具合悪そうにしていますが、大丈夫ですかね？」と相談します。

Ｊ係長は「わかった、本人と話をしてみるよ」とＨさんと面談を実施します。話を聞いたところ、Ｈさんは身体のだるさや不眠などを訴え、メンタルヘルス不調の疑いがありました。Ｊ係長は対応方法をＫ課長に相談しました。

相談を受けたＫ課長は、「少し様子を見よう」と提案しますが、その後もＨさんの様子が変わらないため、今度はＫ課長が自らＨさんと面談しました。

直接話を聞いたところ、状態が思わしくないだけでなく「消えてしまいたい」などの発言もあり、心配になったＫ課長はＬ部長に報告します。報告を受けたＬ部長は「人事に相談するように」と指示をします。Ｋ課長が人事に相談すると、人事Ｍ氏は「専門家の意見を聞いてみましょう」とＫ課長に提案し、産業医や EAP に連絡してきたという流れです。

Ｈさんのメンタルヘルス不調は、Ｉさんをはじめとした同僚を心配させ、その次にＪ係長・Ｋ課長・Ｌ部長など管理職の対応時間を生み出した後、人事Ｍさんによる EAP への相談につながっています。Ｈさんの後ろでは、Ｈさんの妻、息子、父、母が心配そうに見つめています。ひとりのメンタルヘルス不調は、多くの方に影響を与えます。産業医や EAP につなぐまででも、具体的な対応時間だけでなく、「心配」や「不満」といった形で様々な方が精神的エネルギーを消費することになります。

しかし、もしこの後に、人事の働きかけでＨさんが精神科を受診してくれたとしても、医師にはこれら職場の背景が十分に見えていない可能性もあります。医師が示す見解が職場の実態に沿っていない可能性もあるでしょう。こうした時こそ、人事担当者の出番です。職場で起きている問題、本人の心配な様子、会社として可能な配慮の範囲などをしっかりと主治医に伝えることで、現実に即した治療が行われる可能性を高めることができます。

人事の方の対応は、Hさんの家族を含め多方面に大きな影響を与えます。だからこそ、専門家の意見を踏まえ、人事が分かりやすい言葉で周囲に状況説明や対応方針、今後の見通しを伝えることができると、それだけ周囲に安心や余裕を提供することができます。

不調者を取り巻く人々

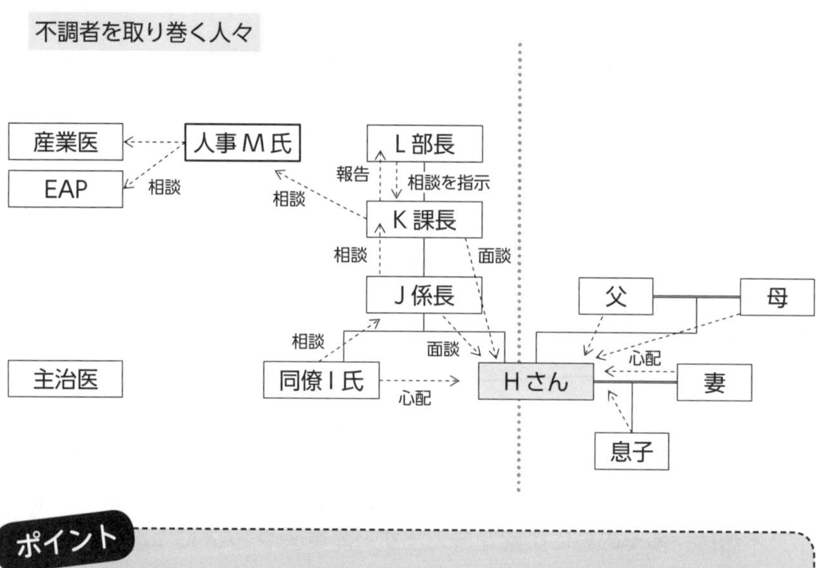

ポイント

- □ メンタルヘルス不調者には多くの人が対応に関わり、影響を受ける。
- □ 人事担当者に話が来るまでには、既に多大な労力が使われている。
- □ 関係者との適切な情報共有や説明は、関係者に安心感を与える。

27 ワークライフバランス施策を推進する女性担当者の事例

人事担当のOさんから伺ったお話。「ネタにしてもいいですよ」とのお言葉に甘えて紹介させていただきます。

Oさんは30代半ばの独身の女性で、結婚や出産に焦りを感じ始めている様子でした。早く結婚したいのに出会いがないとお嘆きで、「誰かいい人を紹介してくださいよ！」と冗談混じりでおっしゃっていました。その方が言うには、「女性に厳しいのは、本当は女性なんです」とのこと。

Oさんの会社は女性の比率が高く、経営者から「女性の働きやすさ向上」を目指し、様々な対策を求められてきました。Ｆさんも人事担当の立場から、ワークライフバランスを支援する施策や、社内のセクハラ相談窓口などを立ち上げ、「女性が長く働けるように」と献身的に働いていました。

そんな中、同じ職場に女性社員Ｐさんが育休から復職してきました。繁忙期前の復帰でもあり、Oさんも久々に会ったＰさんを喜んで迎え入れます。しかし復帰後、Ｐさんは「子どもの具合が悪いので」と突発休や早退を取ることが何度もあり、その度にＰさんの仕事をOさんが行う状況が続きました。

当初は「気にしないで！それより子どもは大丈夫？」と、持ち前の明るさでＰさんを思いやれていたOさんですが、度重なる中で気持ちに余裕が持てなくなっていきます。ＰさんはＰさんで、途中で投げ出すと申し訳ないと思ってか、仕事への取組み姿勢が後ろ向きになり、早退時は逃げるようにそそくさと帰るようになっていたようです。

ただでさえ結婚に焦るOさんは、心の中で「何で私だけがカバーしなくちゃいけないの？」「他人の子どものせいで帰りが遅くなって、私が結婚も出産もできなかったらどうしてくれるの？」と、同性だからこそのイライラも募っていったそうです。そしてその度に了見の狭い自分を責め、しかし人事担当という立場上そうした胸の内を話すことも難しく、深夜の自宅で泣きたくなる状況が半年以上続いたとのことでした。

Oさんは「誰かが犠牲になるようではいけないと思うし、でも実際誰かがやらなきゃいけない仕事もたくさんある。ワークライフバランスは難しい」とおっしゃっていました。

仕事を頑張りたい人、家族との時間を大切にしたい人など、人によってワークライフバランスの価値観は異なります。また、仕事を頑張りたい時期、出産や子育てに比重を置きたい時期、介護の必要がある時期など、人生の中でも重点は変化するものでしょう。各自がその時々に希望するバランスで仕事と仕事以外の生活に取り組めることが重要です。

一方、働き方や生活のバランスは、職場の全ての人が同様に持つ課題です。全ての人が持ち、かつ時期により様々に変化する幾多の価値観が、「なすべき業務」の中にパズルのピースのように全てピタリと「ハマる」状態の達成と維持は、そう簡単ではないように思います。そうすると、どうしても出てくる「隙間」を埋めることが必要になります。

カバーする負担が特定の人に偏らない仕組み、カバーする人が報われる仕組みを作ることなども大切でしょう。同時に、ワークライフバランス実現のためには、お互いがお互いを認め合うことが施策成功の大きな鍵と考えられます。制度を作るだけで「お互いがお互いを認め合う雰囲気」が自然に醸成されていくとは思えません。

認め合うには、相手を知ることと自分を知ってもらうことが必要です。相手を知るには「聴く」ことが、自分を知ってもらうには「伝える」ことが大切です。知るだけで、知ってもらえるだけで力が湧く経験は誰しも持つものと思います。そうした率直なコミュニケーションが取れる仕組みを、職場や管理者は考える必要があるのかもしれません。

「自分が変わることなく、周囲だけを変える」ことは不可能です。ひとりひとりが「自分から相手のことを認める（ためにコミュニケーションを取る)」ことが、思いやりの文化をコツコツ築く一歩になると思います。

ポイント

□　ある人のワークライフバランスが誰かを犠牲していては意味がない。
□　多くの人の常時変化する「希望の働き方」を全て満たすのは難しい。
□　支える人を支える仕組みや、互いを理解し支え合う姿勢がないと続かない。

28 主観データによるメンタルヘルス・マネジメントの時代へ

マナーや電話応対などの研修講師をしている方たちとお話をする機会がありました。新入社員に社会人としての自覚や心構えを指南する際の説明方法を聞いてみると、以下のようなものでした。

・働き、貢献することで会社から給料をもらう
・自分の一挙手一投足が「○○株式会社の社員」として周囲から見られる
・トラブルがあると、個人の責任に加えて会社の責任まで問われる

こういったことを新入社員に伝えることで、社会人としての自覚を促しているそうでした。「学生感覚」は、新入社員がある程度共通して有している感覚なのだと思いますが、その「学生感覚」の脱却を目指すものと理解しました。

他日、全く別のところで、親しくさせていただいている人事担当者の方と雑談をしていたら、同じように新入社員の話になりました。社内の新人研修中、グループ・ディスカッションの際にふざけているように見える社員がいたので、注意をしたそうなのです。「もっと真剣にやりなさい」「社会人としての意識が低いよ」と伝えたところ、その新人は不満そうな顔で、言い返してきたとのことでした。

「会社が向かう方向性や、社員として持つべき価値観が分かりづらい中で、自覚や意識を持てと言われても、正直よく分からないです」と言ってきたようで、その人事担当者は思わず苦笑してしまったとのことでした。「確かに、会社として変革の必要性を訴えている時流の中で、社員が持つべき意識や価値観も分かりづらいかもしれないですね」と笑っていました。

この「社会人としての自覚」「社会人としての意識」という言葉は、日常的にもよく使われるものと思いますが、結構曖昧な表現です。現代は、働く

ことの価値観や働き方も多様化し、「ダイバーシティ＆インクルージョン」という言葉のもと、多様性を認め合う必要性が謳われています。そんな中で、十把一絡げに「社会人」と括り、統一した「自覚」「意識」を求めるのは、現実的ではなくなっているのかもしれません。

平成18年（2006年）に労働安全衛生法が改正された際、「長時間労働者への医師面談」が加わりました。これは一定の時間外労働時間数をもとに実施される対策であり、事業者側と従業員側がある程度、客観的かつ数値的に共有しているデータを基準としていました。ただ、この対策でも精神疾患の労災申請・認定は減少しませんでした。

一方、同法で定められたストレスチェックは、社員の主観情報である「ストレス」を数値化して、対策につなげるものです。ハラスメント事案において「本人が嫌だと感じたらハラスメント」といった主観的側面が強いと、関係者間で事実の共有がされにくく対応が難しくなります。主観情報は対策につなげる際の取扱いが難しいものですが、しかし、主観を大切にかかわることは、社員ひとりひとりを大切にする姿勢につながるものと思います。

メンタルヘルス対策において、客観的な労働時間管理の重要性が消えることはないと思います。しかし、ホワイトカラーエグゼンプションから高度プロフェッショナル制度への動きなど、労働時間によらない働き方や評価方法も増えてくるでしょう。客観的な基準、統一された意識や考え方に当てはめるだけの対策から、これからは社員ひとりひとりの主観や意識、思いを大切にマネジメントする時代にシフトしていくものと予測しています。

ポイント

- □ **「社会人」としての意識や心構えの重要性は変わらない。**
- □ **価値観が多様化する中、画一的な「社会人意識」の醸成は難しい。**
- □ **個々人の主観や思いを大切にするマネジメントが求められる。**

29 人生の岐路における選択をした事例

商社に勤めるQさんからの相談は、自分の将来の方向性やプランに関する迷いがテーマでした。Qさんは、両親から京都にある実家の家業を継ぐことを期待されていましたが、その判断は先延ばしにして東京の大学に進学し、そのまま東京の商社への就職を選んだのでした。

入社後は意欲的に仕事をしていましたが、３年目に突然父親が心筋梗塞で倒れてしまいました。幸い命に別状はなかったものの、父親はこれまでのように働けなくなり、Qさんも家業をどうするかの判断が求められました。結局、社会人として未熟な自分に何ができるわけでもなく、Qさんには実家に帰る決断ができませんでした。

母の弟が父の右腕として長く勤務していた関係で、業務に大きな支障は生じなかったものの、叔父は人の上に立つ性格ではなく、持病も抱えていたため、しばらくして「きつい」「辞めたい」と訴えてきたようです。母から事情を聞くにつけ、Qさんもどうしたものかと考えあぐねていました。

そうこうするうち、上司から海外赴任の打診を受けました。かねて海外赴任を希望していたQさんは嬉しくもありましたが、一方で結婚を考えている恋人のこと、そして、実家のことを考えると心穏やかではありませんでした。

人生は判断や選択の連続です。メンタルヘルス不調の背景には、配置転換や転職など、大きな変化がある場合が多いと分かっています。変化が常態といわれるこの世の中で健康を維持し続けるには、しなやかな変化対応が求められます。しかし、リストラ、合併、転職、異動、組織改編など、思いもよらないタイミングで変化対応を迫られることもあります。どういう判断をしたらよいか、自分だけでは決められない場合もあるでしょう。結婚など自分のプライベートな問題が絡むと、上司には相談しづらくなることもあります。迷った挙句Qさんは、EAP への相談に至ったのでした。

私はQさんに、これまで選んで来なかった選択の理由を細かく問いかけました。「卒業時、実家に帰らなかったのはなぜですか？」「お父さんが倒れた時、実家に帰らなかったのはどうしてですか？」「もし帰っていたら、どうなっていたと思いますか？」そして、「海外赴任に行かないとしたら、どうなると思いますか？」などです。

Qさんには耳の痛い質問もあったかもしれません。選んだ道より、選ばなかった道の方が数限りなく存在します。ただ、選ばなかった人生を思い描くことで、自分が選んだ人生の自分らしさや意味が浮き彫りになってくるのです。過去の選択は、結局その次の自分の選択にも影響を及ぼします。

Qさんは結局、海外赴任を受け入れたのですが、翌年に父親が亡くなり、家業は廃業しました。だからといって、私はQさんが選択を間違ったとは思いません。「あの選択が最良だったのかはわかりませんが、父も怒ってはいないでしょうし、しっかり悩んで出した答えなので後悔はないです」実家の整理に帰国したQさんの言葉に私も強く頷きました。

過去を振り返ったり自分がやってきたことの意味を確認するには、対話の相手が必要です。カウンセラーという存在を、ぜひ上手に活用してください。

ポイント

- □　人生の岐路や変化における選択はメンタルヘルスへの影響も大きい。
- □　じっくり悩み、迷うことが結果に拠らない納得感や自己肯定感につながる。
- □　カウンセラーは迷いと悩みを言葉にする対話の相手として活用できる。

30 若手社員と熱心すぎる再雇用社員の事例

先日、入社４年目の20代の社員Ｒさんが相談に来ました。「なんか自分が情けなくなり、会社を辞めようかと考えているんです」と弱々しく語り出しました。職場の人間関係でわだかまりを抱えている様子でした。

原因は再雇用で働く60代の社員Ｓさんとの関係にあるようでした。Ｒさんは昨年４月からＳさんの仕事の引き継ぎを期待され、以来Ｓさんの指導を受けながら業務を覚えてきたようです。Ｓさんは定年前から長く今の部署で働き続けており、役職がなくなり給与水準が下がったにもかかわらず、若い人の指導にも意欲的に対応してくれるそうです。

Ｓさんはバイタリティに溢れて、普段からややテンションが高めの人とのこと。人懐っこくて業務知識も豊富なため、顧客からの信頼も厚いようです。職場としてもＳさんがいないと回らない様子です。ただ、とにかく指導が長くて話がくどいようで、周囲からもやや煙たがられる存在だというのです。

Ｓさんは悪い人ではないのですが、Ｒさんとしては「有難いけど、話が長いし説明がわかりづらい。でも丁寧に教えてくれるのも分かるので、自分から文句は言えない」と話します。「うんざりして顔を見るのも嫌になってきて、でもＳさんは何も悪くはない。そんな風に思ってしまう自分が情けなく、仕事に来るのが苦しい」とのことでした。

Ｒさんの部署のＴ課長とは、私も以前にやりとりしたことがあったため、Ｒさんに「Ｔ課長にも話を聞いてみていいですか？」と確認をしたところ、「Ｔ課長にはある程度、話をしていますので問題ないです」とのことでした。そこで、Ｔ課長にも連絡を取ってみました。

するとＴ課長も、「実は困ってるんです」と内情を話してくれました。確かにＳさんは話が長く、何度注意をしてもなかなか変わらないとのこと。あまり強く言ってへそを曲げられても厄介なので、強く言えない状況のようでした。過去には、Ｓさんが苦手で辞めた若手社員もいたそうです。

Ｔ課長としては、Ｓさんの言動がパワーハラスメントというわけでもなく、注意の仕方も難しく感じていました。顧客にも評判がいいので外すわけにもいかず、ただＳさんはこの先長く勤務するわけではないので、何とかＲさんには凌いで欲しいと期待している様子でした。

昨今は元気な高齢の再雇用者も増え、おとなしい若手社員は勢いに押されてしまい、関係がうまく取れずに辞めていくような相談も発生しています。若い人を成長させるべく関わっているのに、その関わりに耐えられずに辞められていては本末転倒ですが、熱い社員ほど「そんなことで辞めるのはそもそも根性がない」と捉えがちです。

少子高齢化の波の中で、異世代のコミュニケーションをいかに円滑に進めるか。とても大きな課題だと感じています。上記のように、具体的対応が難しいと感じるケースも多いことでしょう。こうしたケースでは、ストレスチェック制度なども問題解決に活用できます。

管理職が課題と感じる点は、ストレスチェックの結果でもある程度、可視化されると思います。集団分析結果と照らし合わせて課題を明確化し、属人的な課題というより職場の問題として解決に向けたコミュニケーションを取るよい機会とすることができます。

ポイント

- □　善意に基づくパワハラではない指導でも、退職につながることがある。
- □　１対１では言いづらいなら、ストレスチェック結果を用いた職場環境改善の機会によりよい職場に向けて皆で話し合うのもひとつの方法。

31 メンタルヘルス対策の新たな潮流

平成27年（2015年）は、「公認心理師」と「キャリアコンサルタント」の国家資格化がなされた年でした。

「公認心理師」と「キャリアコンサルタント」の国家資格化は、主にストレスやメンタルヘルスを専門とする相談員と、キャリアを専門とする相談員とが、それぞれ別個の国家資格として誕生することを意味します。しかし、相談者はいちいち「メンタルヘルスの問題」「キャリアの問題」と分けて悩むわけではありません。

実際、異動や転職に伴って不調をきたす方も多く、ストレスやメンタルヘルスの問題とキャリアの問題は、切っても切れない関係にあるといえます。ストレスチェック制度においても、職業性ストレス簡易調査票57問のなかには「仕事の内容は自分に合っている」など「仕事への適合度」ともいえる設問が複数入っています。国家資格化によって相談員の専門領域が「メンタル」「キャリア」と分断してしまうとしたら、好ましくない事態といえるでしょう。

そんな中、メンタルとキャリアのいずれの領域でも注目を集めているのが「社会構成主義」「ナラティブ・アプローチ」です。変化が常態な世の中で、多様な価値観、多様な働き方を認め合うためのメタ理論や方法論として重視されるようになっています。

「社会構成主義」は、現実は言語を媒介に人々のコミュニケーションで構成されるものであって、そこを離れて存在しないとする立場です。何が正しいかは、その個人が属する文化や個人の経験に依存し、「客観的真実」や「本質」は存在しないと捉えます。外界が存在すること自体を否定するものではないですが、言語を媒介にする限り、全てが社会的な存在となります。

働く人を取り巻く環境は、流動的で不安定なものへと急激に変化しており、現代人が自分を見失わずに、変化の多い人生を乗り切るためには、人生のストーリーを自ら創造しなくてはなりません。変化を語れるということは、過去と現在が「つながる」ということであり、特に変化を乗り切る支援においては、語りを紡いでいく関わり、「ナラティブ・アプローチ」が重要となっていきます。

語りを紡ぐアプローチの実際は、例えば以下のようなやりとりです。問いかけによって、本人の語りを再構成していく関わりといえます。

(CL は相談者、Co はカウンセラー)
CL：生きていくのが怖いです。死にたくはないけど、生き続けるのが怖い。
Co：そうですか、生き続けるのが怖いっていう感覚ですか？
CL：はい、夜になるとなんか無性に不安になり、怖くなるんです。このままずっと一人なのかなって。
Co：無性に不安になるのですね。一人でいることが不安ってことですか？
CL：よく分からないのですが、なんか漠然とした不安があります。
Co：そっか、漠然としてるのですね。漠然としてると表現自体が難しいと思いますが、もうちょっと表現してみていただくとどんな風ですかね？
CL：うーん、誰にも必要とされなくなることが怖いんですかね？　自分の存在意義がないというか。
Co：誰かに必要とされることが、存在意義につながると。
CL：おそらく、そうなんだと思います。誰にも必要とされず一人で生きていくことが怖いっていうことなんだと思います。

この例では、カウンセラーの質問によって相談者の「漠然とした不安」がより明確な形で語られるようになっていき、その結果、相談者自身が自らの不安に対処していけるようになりました。

テレワークの推進に伴いますます増加しているメールやメッセンジャーによるコミュニケーションは、手軽である分、やりとりが用件のみで済んでしまうことも多くなり、用件の背景にある「なぜ」が語られない場合も多いように思われます。配慮を持って、分からないことを「分からない」「なぜ？」と問いかけていくことが社員の「語り」を紡ぐことにつながり、適応を促進していくものと考えられます。

「ナラティブ・アプローチ」も、今後のメンタルヘルス対策の新たな柱になると予想しています。

ポイント

- □ 「メンタルヘルス」と「キャリア」を分けて考えることは難しい。
- □ 現実は普遍ではなく、言葉を介したやりとりで構成されるとする「社会構成主義」「ナラティブ・アプローチ」はメンタルとキャリアの双方に資する。
- □ 相手の認識を丁寧に問うことが、相手の語り（ナラティブ）を促進する。

32 ストレスチェックにまつわる面談の罠

皆さんは、異動や昇進をしたり、職務が変わったり、私生活では結婚など大きな変化があった社員に声をかけた経験がおありではないでしょうか。

その際、「調子はどう？（オープンクエッション）」ではなく「大丈夫？」などのクローズドクエッションを用いることもあると思います。後者には、よほど仲がよくない限り「大丈夫じゃないです！」などの答えは返って来ないはずです。皆さん自身も同じではないでしょうか？「大丈夫？」「はい、大丈夫です」、「元気？」「はい、元気です」と肯定で答える方が楽なのです。相手の質問に「いやいや、元気じゃないですよ」などと敢えて否定するのは面倒でもあるでしょう。つまり、私たちは聞かれたことに素直に「まぁそうですね」と言ってしまう傾向があるのです。

さて、助成金の後押しを受けた中小企業を中心に、国家資格化されたキャリアコンサルタントが社員と面談する機会が増えました。そこで耳にするのが、「キャリアコンサルタントに色々聞かれて、そこまで思っていないのに会社の不満を話しちゃいました」などの声です。

本来、相談とは何らかの課題を抱く方を対象とすることが多く、キャリア相談でも「問題は何か」「困っているのはどんなことか」などを明確にしていきます。しかし、助成金で行われる面談は、会社から「キャリア面談を受けて」と指示されて来ただけで、社員自身に問題意識がないことも多々あります。相談ニーズがない方と面接するわけですので、こちらがいくら深掘りしても、そういう方から必ず「問題」が出るわけでもありません。

怖いのは、キャリアコンサルタントが「うまくいっていないこと」を掘り当てようと強引に出された「問題」が当該社員にはあまりピンとこなかった場合、キャリアコンサルタントから「自己理解が足りない」などと判断されることさえある点です。「本当は思ってるんじゃないですか？」などと詰められると、例の傾向で「まぁそうですね」と言ってしまうのです。

これはストレスチェック関連でも起こり得ます。受検結果に書かれた「医師面接か専門家への相談を」などの文言を見て、素直に産業保健スタッフに連絡する方もいるでしょう。その際、「とりあえず連絡しました」みたいな形でアクセスしてきます。弊社の相談室でもそういう利用は少なくありません。

この時、当該社員の自覚は低くても「高ストレス者」ですから、産業保健スタッフは「具合の悪いところは？」「心配事は？」などと質問を繰り広げます。社員もつられて心配事を話した結果、「心配だから一度受診してみたら？」などと問題が現実以上に大きくなることも考えられます。産業保健スタッフや社員自身が「心配」や「不安」を抱え切れなければ、専門医に頼りたい気持ちはより強まるでしょう。

聴き手が「不安」を質問すれば、話し手は「不安」に注目し、その「不安」が大きくなる側面があります。ストレスも同様です。ストレスチェックの結果を踏まえて相談し、質問を受けることで問題を現実以上に大きく認識してしまう可能性を認識しておく必要があると感じています。話を聴く立場としては、内面の思いや課題を丁寧に聴く意識と共に、「まぁ、大丈夫です」と答えられる相手の生の感覚、および問題が表面化しているかどうかの観点（事例性）も、大事にしたいと思います。

ポイント

- □ 顕在化していない問題や課題に気づかせる関わりは大切。
- □ その関わりは、誘導尋問的になるリスクがあることも認識する。
- □ 「顕在化せずにすんでいる」事実も同じく大切にする。

33 ストレスチェックの案内について

ストレスチェックに関連して、実施にかかわる人事担当者から、「ストレスチェックを実施する際、社員にどんな案内を行えばよいのか？」と問われることがあります。案内の仕方によって「ストレス」という言葉が位置づけられることになりますので、この疑問はとても大切です。

厚生労働省から「労働安全衛生法に基づくストレスチェック制度実施マニュアル」が出ており、そこに「ストレスチェック実施時の文例」も記載されているため、それらが参考にされていますが、基本的なマニュアルが必ずしも現場での使用に最良とは限りません。

法律で定められた制度なので、無難に進めるのが大切なのかもしれませんが、知識のある人事担当者ほど、ストレスチェック制度を「せっかくの機会なので、予防や軽減に結びつけたい」と考えている印象があります。

ところで、メンタルヘルス・マネジメント検定試験１種（マスターコース）のテキスト内容には、ストレスに関する基礎知識の記載が充実していますが、冒頭に「ストレスに関して、学問的に確立された定義はまだありません」と記載があります。学問上でさえそういう状況ですから、おそらく各従業員が「ストレス」をまちまちに認識している状況で、自分のストレスを評価してもらうことになります。

ストレスの評価は、「生じている事象がどの程度危険かの評価」ともいえます。例えば心配性な人は、ストレスを感じている状況をより危険なものとして評価する傾向があり、「まぁ、いいか」と、ある程度ノラリクラリができる人は、同じ事態をそれほど危険と評価しないでいられます。感じてしまったストレスは、上手に対処していくことが必要ですが、「ストレスをどのように捉えるか」という認識は、ストレスとの付き合い方に大きくかかわることが次の実験によって明らかにされています。

ハーバードビジネスレビューという雑誌に社会心理学者 Heidi Grant

Halvorson 博士が寄稿した論文によると、「某会社の社員にストレスの受け取り方について確認をして分かったのは、『ストレスが自分を強くする』と受け取っている被験者は、逆だと考えている人に比べてより健康で、人生に満足感があり、仕事でのパフォーマンスもよい」ということでした。

実験の内容は以下の通りです。被験者を 2 つのグループに分け、片方には「ストレスが人間的な成長を強める」と説明したビデオを、もう片方には「ストレスが人間的な成長を弱める」と説明したビデオをそれぞれ 1 週間見せました。

その結果、「成長を強める」というビデオを見たグループは、もう一方のグループに比べて健康も仕事のパフォーマンスも著しく向上したそうです。自分の現状を「ストレスで負担」と捉えるか、「このストレスが自分を強くしてくれる」と捉えるかで、実際の健康状態や生産性が大きく異なることが判明したといえます。

ストレスチェックの実施の案内に、ストレスを肯定するメッセージを多く伝えると、社員に「会社は印象操作をしている」と捉えられてしまう危険もあるかもしれません。しかし、ストレスというものを各社員がまちまちに捉えているのだとしたら、「ストレスは危険」だけでなく、「ストレスは成長を強めてくれるものでもある」というメッセージも、継続して伝えたいと思います。

ポイント

- □ ある事象をどの程度「危険」と考えるかでストレスの強さは変わる。
- □ 「ストレスが成長を促進する」との認識は、健康や生産性を高める。
- □ ただし「ストレスは危険」なのも事実。露骨な印象操作には留意する。

34 仕事ができない新人を「障害」と捉える職場への介入事例

新入社員のUさんは一流大学卒で礼儀正しく、言葉使いもとても丁寧です。営業部への配属当初、固くなっているUさんを見て部署の先輩たちは「そんなに緊張しないで大丈夫だよ」と温かく受け入れ、可愛がっていました。

ただ、Uさんは物を覚えるのに時間がかかり、サービスのラインナップや各サービス内容の理解、また営業報告や見積書作成システムの使い方など、マニュアルを何回読んでも覚えられない様子でした。同期と比べても明らかに飲み込みが遅く、資料作成では数字や文字の間違いなど、ケアレスミスが多く見られます。

人当たりは丁寧で印象は悪くないのですが、対人緊張が非常に強いようで、周囲から「彼は大丈夫か？」と心配されるようになっていきました。また、何度注意されてもケアレスミスは減らず、あまりに変化が見られないために、周囲も徐々にイライラを募らせ、「いい加減にしろよ」「何度言ったら分かるの？」「そもそも、直そうっていう意識が足りない」などと叱られることも増えていきました。

そうしたことが続き、次第に「彼は発達障害ではないか？」という人も出るようになりました。「普通じゃない」「病院に行かせた方がいいのでは？」などの声も複数上がるようになり、心配した管理職から人事担当に相談があったようです。そこで、人事はUさんと面談を行いました。

人事が面談をしたところ、Uさんは随分と自信を失っている様子で、「このまま働き続けられるのか」と強い不安を語ります。ミスが無くならないことで、自分の能力全体ひいては人格までもが否定されている感覚もあるようでした。このままではUさんの自信がますます低下し、メンタルヘルス不調へと至る危険が予見されたため、人事担当者がEAPに相談に来ました。

部署内で「何をやってもダメ」「発達障害だよ」「病院に行かせるべき」という空気ができてしまうと、大事な仕事は任せられず、諦めムードができ上がってしまいます。そうなると、Uさんへの指導方法を工夫するなど、具体的な改善策に意識が向かなくなってしまい、たとえ病院に行ったとしても、状況は何も変わらないどころか悪化することすらあります。

人事担当者は、産業医にもUさんに会ってもらって意見を聞く中で、「仕事ができないことを全て『障害』と捉えること自体が問題」と考えを明確にしていきました。そして、その旨を管理職にも伝え、驚くべき提案をしました。Uさんのミスを「ポカルン」と命名し、Uさんに指摘する際には「あ、ポカルンが出てるよ」などと表現するよう管理職に提案をしたのです。

この提案には管理職も唖然としたようでしたが、意義を理解した管理職のリーダーシップもあって次第に職場に浸透していきました。さすがに「ポカルン」は恥ずかしいので「ポカ」と改名されましたが、その名づけの意味は、ミスをUさんの意識や自覚の問題に帰させず、さらにはUさんの人格の問題にも帰させないためです。ミスは「ポカ」という一行動上の問題であり、言ってしまえば悪いのはUさん自身ではなく「ポカ」だと位置づけたのです。

この取組みは、「Uさんをどうしていくか」という視点を「ポカをどうしていくか」という視点へと向け変える効果をもたらしました。Uさん自身を問題視することで「病気では？」「障害では？」と問題が大きくなっていたところから、どうすれば「ポカ」を減らせるかという具体的な対策に目が向くようになったのです。Uさん自身も、自分を責めて萎縮するのではなく、「ポカ」をどう飼い慣らすかという視点を持てたことで冷静になり、少しずつ「ポカ」を減らしていったそうです。

Uさんが発達障害と診断されるかどうかは分かりません。今、発達障害に関する内容が様々なメディアで発信されています。ご存知でしょうか？「定型発達症候群」という言葉もあるようです。

以下にあてはまるものがあれば、あなたも「定型発達症候群」かもしれません。

□暇な時、誰かと一緒にいたいと思う。

□チームワークが取れない人とは働きたくない。
□納得できなくとも慣習に従うことがある。
□本音をはっきりと伝えることが苦手。
□必要なウソもあると思う。

いかがでしょう

「発達障害」が異常なのではなく、「普通・健常者」だと思っている人たちも、「定型発達症候群」という偏りを持っているのではないでしょうか？という問いかけといえます。「自分にもこういう偏りがある」と認識しておくことは、人との違いを理解する基盤になるものと思います。

事例性と疾病性は、メンタルヘルス・マネジメント検定試験の公式テキストにも出てくる言葉です。疾病性で人を捉えようとすると、いつの間にか問題が大きくなる傾向があります。安易に疾病や障害に当てはめて思考停止するのではなく、専門家の支援を得ながら、お互いの違いを認め合い、お互いの個性を発揮し合う方法を探そうとする組織文化・組織風土の醸成を目指したいものです。

疾病性：（ある人が）病気かどうか、どんな病気でどんな症状があり、どの程度の病状かなど、「病気」に焦点を当てて人や問題を理解する視点。

事例性：本人や周囲が困っている程度。具体的にどんな行動や問題が発生しているかなど、「事実・行動」に焦点を当てて人や問題を理解する視点。

ポイント

□　**「仕事ができない＝発達障害」で理解を止めれば改善に向かわない。**
□　**「苦手」に命名することで、課題が外在化・対象化され対策検討につながる。**
□　**人の障害・異常・病気を指摘する前に、自分の偏りも自覚する。**

35 働き方改革時代のメンタルヘルス対策

以前、「LD ノート」というリーダーシップ開発教材に執筆させていただきました。この教材は、職場で困った事例がＡ４用紙２枚ほどで示され、その事例に管理職はどのように対応したらよいのか、心の専門家や法律の専門家など複数の専門家が解説する形式になっています。

私が執筆したのは、仕事中に頻繁に居眠りをする社員の事例でした。上司は当然注意をするのですが、なかなか改善されません。産業医との面談を勧めても、「健康には問題ないので、大丈夫です」と拒否するため、管理職は対応に困っていました。居眠りの背景には、朝方までネットオークションをやっているようだとの情報もありました。

私は「心の専門家」の立場で居眠りに着目し、どうやって産業医につなぐのか、事例の解説や対応方法の提示を試みました。本人が「健康には問題ない」というのであれば、少なくとも普通程度には仕事ができるはずなので、「健康に問題がないなら、業務中の居眠りは止められるはず」と、事例性を中心に改善指示を行うことになると思います。

例えば、居眠りを客観的なデータとして記録し、その記録を基に部下に一定期間での改善を命じます。その期間で改善ができなかった場合は、医師などの専門家に相談に行くよう事前に約束する方法、いわゆる「建設的直面化」の方法について執筆しました。

一方、同じ事例に対して法律の専門家が示した観点は、「ネットオークションでお金を稼いでいるかどうか」でした。つまり、会社が就業規則で副業を禁止している場合、ネットオークションで稼いでいることが問題になってくるということです。現在、モデル就業規則などでも「副業・兼業原則容認」の方向性が示されていることもあり、企業として副業に関する考え方を明確にしておく必要があると示されていました。

恥ずかしながら、当時の私には思いもしない観点でした。「心の専門家」

という立場として、私の観点は当然のこととして「居眠り」という行動に向いており、この居眠りがなぜ起こり、いかにこの居眠りをなくせるかに焦点を置いて検討しました。仮に副業を認めている企業であっても、本業での支障を管理職から本人に伝えて改善を促すことが、副業への傾倒を減じさせ、結果として居眠りが消失する。そういう解決パターンも「建設的直面化」には含まれます。ですから私の解説内容に誤りはないと思います。

ただ、人事労務管理スタッフや産業保健スタッフとの連携を、社員のプライバシーにも十分に配慮する形で進めていくことが、メンタルヘルスマネジメント検定試験の公式テキストにも記載されているように、こうした事例対応での正解となると思います。特に人事労務管理スタッフとの連携の際には、今回のような法的観点も踏まえて対応する重要性を認識しました。

働き方改革によって副業が容認されるようになると、副業に時間が割かれ、睡眠時間が減少し、健康障害が起こりやすくなる可能性があります。副業が主な原因で体調が悪化した社員に、「担当業務の変更が原因で不調になった」などと主張されても、不調の原因は明確に区分けできないものと思います。また、休職中に副業を行い、傷病手当金との合算で本業以上の収入を得ている、といった状況も発生するかもしれません。

現在、副業兼業時の時間管理や労災について厚生労働省で検討が進んでおり、厚労省の「副業・兼業のガイドライン」なども参考になります。「業務上と業務外」ではなく「本業と副業と業務外」に分けてストレスを考えていくことになるわけで、さらに難しい課題が出てきそうです。

ポイント

- □　ネットを介して副収入を得る手段は増えている。
- □　副業で本業への注力や睡眠時間が減る可能性は高いが、容認の方向。
- □　時間外労働時間の管理方法なども検討が進んでいる。

36 働き方改革がうつ病を生む？～Vさんの事例～

このところ、いわゆる「荷下ろしうつ病」と呼ばれるような状態像を示す社員の相談が増えています。背景には、各企業が推進する「働き方改革」があるように感じています。

特に若年層の相談が多いのですが、新卒で入社して３～４年など、20代後半の社員の不調が目立つ印象です。入社初年度はさほど忙しい状況ではなく、２年目、３年目と次第に多忙な日々を送るようになり、常態的に多忙な生活が続いていたところ、最近の働き方改革によって業務が見直され、業務量や残業が一気に減った後に不調になっているイメージです。

先日も、ある若い社員Ｖさんが相談室に来られました。既にうつ病と診断され、休職に入っている方でした。昨年末までは激務で残業も月80時間くらいはあったのですが、今年に入って会社の方針で残業ができなくなり、人員の見直しもかかって、業務の過重さが明らかに減ったとのこと。「仕事が楽になったら、会社に行けなくなったんです」と話されます。

その企業ではこれまでも残業の管理は厳しかったようですが、この４月からは、残業をしたくても電気が消されるなど物理的に仕事ができなくなりました。Ｖさんは３月末でなんとか仕事を一段落させ、一度ギアを下げて減速したら、その後ギアが上がらなくなってしまったのです。早く帰宅しても何もする気にならず、朝は起きられず仕事に行けない日が増えていきました。

Ｖさんに「今後の対策のためにも、状況を人事担当に伝えていいですか？」と確認をして承諾を得られたため不調の背景を人事担当に伝えたところ、「蓄積していた疲労が出たということなのでしょうが、健康対策の一環で残業規制をしているのに、働き方改革でうつになってしまったら本末転倒ですね」と苦笑いでした。

私は東京の新宿区で働いているのですが、新型コロナの問題が起きる前には東京の山手線の夕方の混み具合がすごいことになっていました。定時で帰ると、多くの会社員が同じ時間帯の電車に乗るため、帰宅ラッシュが大変です。このラッシュを避けるには、どこかに寄ってから帰宅するという対策が必要になり、「電車が混むので、少し残業してから帰りたい」という声もしばしば耳にしました。

変化の後にこうしたデメリットがあると、「やはり残業があったほうがよい」という揺り戻しの力が発生するわけですが、それではあまりに安直です。「ではどうするか」と考え、企業側は時差通勤、フレックス、テレワークなどの対策も絡めることで、「残業なし」のデメリットを減らし、メリットを大きくできる働き方をさらに考えていく必要があるのだと思います。また、弊社には「人がすごいからいっそのこと一駅先まで歩いています」というスタッフもいて、労使それぞれの工夫が大切なのだなと感じました。

就労環境の急激な変化は、それが将来的に健康によい方向だと分かっていても、メンタルヘルス不調のきっかけになり得ます。特に、時間的な裁量度を奪う変化であれば、なおさらといえるでしょう。大きな変化に際しては、繰り返しの予告、事前の準備、そして漸進的変化が必要といえます。

ポイント

- □　多忙な人が急にペースダウンすると、荷下ろし状態が起こりうる。
- □　残業抑制、業務を強制終了させる方法は、裁量権を奪う側面もある。
- □　発生したデメリットには、打開策の検討・追加で対応したい。

ハラスメントの連鎖～悪者探しの悪循環～

少し前に、「怒りのコントロール」に関するツイートが話題になりました。興味深かったので概要をご紹介します。

とある場で「怒りのコントロール」がテーマになった時、その場にいた人たちは「そもそも怒ったことがない」「他人に怒るなんて、そんなことはできない」などと口々に言ったそうです。そんな中、ある方が「怒りはしないが、注意することはある」と自らのエピソードを紹介したところ、同様の話がどんどん出てきたとのことでした。

「家電が故障した時、窓口の対応が遅いので一喝したら、すぐ直しに来た」「デパートで商品の場所を答えられない店員に、注意くらいはする」「態度の悪いバイトがいたら本社に電話する」「再発防止のため、店長に反省させるところまで持っていくのが大変」などなど。

そのツイートは、「怖いのは、最後までその場の全員が『自分の行動は理性的で怒りに起因していない』『自分は人には怒らないから、コントロールとかは必要ない』と言っていたことだった」と締め括られていました。

先日、私も似たような経験をしました。ある勉強会でハラスメントの話題が出た時に、ある人事担当の方が「ウチでも困っています」といくつかケースを紹介してくれました。その際、「何回言っても分からないダメな奴が多い」「ガツンと言ってやらないと変わらない」「体育会系気質の奴は、特にダメ」などと、やや乱暴に感じる表現で話されていました。

私は「人事が集まる場なので、気を許して乱暴な言葉が出たのだろう」と感じた程度でしたが、心証を害した方もいたようでした。ケースを紹介した人事担当の方が席を外した際、「言葉が悪い」「あんな言い方をしないでもいいのに」「ああいう人事がいるからハラスメントが起きるのでは」などの辛辣な声も聞こえ、なんとも複雑な気持ちになりました。

自社のパワハラ課長を責める人事担当を、他社の人事担当が批判する形になっていたのですが、ここで私も他社の人事担当と同じ目線で見てしまうと、「能力がない部下」にダメ出しするパワハラ管理職、「指導できない管理職」にダメ出しするパワハラ人事、そして「言葉が悪い人事」にダメ出しするカウンセラーと、悪循環が続きます。

一方で、他社の人事担当に対して「本人がいないところで陰口言って、最悪」などと批判する形になったら、それもまた悪循環です。人を評価する、指導する、そうした行動の難しさや怖さを改めて感じました。

複数の社員を目配りする立場にあり、「想い」が強く「相手によかれ」と思って指導的にかかわる傾向がある人は特に、自分の中にあるハラスメント性に気づきにくい傾向があるように思います。

ハラスメント対策を推進する立場の方は、相手を変えようとする前に、まずは「自分は問題ない」との意識を捨て、「自分にも関係する」と認めることが必要だと思います。自分の言動が本当に冷静で理性的で合理的なものかを立ち止まって考え、自分の体面や利益の確保、感情の発散が目的になっていないか確認し、相手の成長を促せたのか観察し、必要に応じて自分の行動を変えることから始める姿勢が求められるのではないでしょうか。

ポイント

- □　自分を「正義」だと思うと、相手を攻撃している姿に気づきにくい。
- □　職場のハラスメント対策も、ひとつの「正義の行使」になりうる。
- □　「悪」を断罪したいという自分の価値観や欲望を知ることが大事。

38 ポジティブ・ヘルス施策としてのキャリアカウンセリング

ポジティブ・ヘルス対策とは、「マイナスの状態をゼロに戻すだけでなく、プラスの状態に変える」ことを目指すもので、「ワーク・エンゲイジメント」や「レジリエンス」などのポジティブな要素を高めることや、経営手法としての健康経営の取組みなどとも関連します。

この他、ワーク・ライフ・バランス施策の推進や、健康職場モデルの考え方などもポジティブ・ヘルスに関連しますが、私はキャリアカウンセリングも、ポジティブ・ヘルスにかかわる大事な取組みのひとつと考えています。弊社の相談室でも、メンタルヘルスのみならずキャリアに関する相談がよく寄せられ、最近は「キャリア」という言葉を相談者が自ら用い、「将来のキャリアについて相談したい」と依頼されることも増えています。

メンタルヘルス・マネジメント検定試験の受験対策講座の講師を務める中で、参加者の方に受験の理由を聞くと、「キャリアの相談を受けていてメンタルヘルスの知識が必要と感じたから」とお答えになったキャリアコンサルタントの方が複数います。最近は社内にキャリアカウンセリングの窓口を作り、継続して相談を受けている企業の話も、よく耳にします。

私もいくつかの企業にお邪魔して、キャリアの相談をお受けしています。ある企業では、初めて「キャリアカウンセリング」という名目で相談希望者を募ったのですが、予想以上の申し込みで、ストレスチェックで高ストレスと判定され、産業医の面接を受けたことがある社員も含まれていました。

その方は「今、担当している商品が社内的に縮小方向で、自分としては新商品の開発を行いたいが、今の担当商品も古いながら固定客がいて、メンテナンスは必要。しかし、今の仕事を続ければ続けるほど、周りに遅れを取っていくのが怖く、気持ちが焦って、どうしたらいいか悩んでいる」と話されました。ちなみに、健康状態は特に問題ないとのことでした。

以前、ストレスチェック後に産業医へ相談した際は、「体調はどう？」と身体症状の話に終始し、対応に関しては「今の仕事が嫌なら、上司と相談して異動の願いを出すか、無理なら転職しかないのでは？」と言われたそうです。「上司が話にならないから相談に来たわけだし、簡単に転職できたらそもそも相談には来ない！」とおっしゃいます。

不調者の発見だけを考えていると、ストレス反応が深刻でない場合には、「後は自分で考えて」「上司と相談してみて」という対応になりがちです。ただ、メンタルヘルス不調の予防を考えると、この事例の社員のような悩みに丁寧に対応していくことが重要だと思います。

具体的には、

「上司にどんな風に相談をしたら、話を聞いてもらえると思います？」

「上司に『どんな仕事がしたいの？』って聞かれたらなんて答えます？」

「いつまでに異動ができないと、転職を考えますか？」

など、具体的に踏み込んで自分のビジョン創造を支援していくことが、結果としてメンタルヘルス不調の予防につながるものと感じています。

キャリア相談の中でのメンタルヘルスの知識、メンタルヘルス不調の予防や事後対応のためのキャリアの知識。この二つは、これからの働く人々の「健康」を考えていく際の両輪になるものと思います。

ポイント

- □　キャリア・カウンセリングは、ポジティブ・ヘルス対策といえる。
- □　メンタルヘルス相談でも、体調確認に終始しては解決にならない。
- □　キャリア問題には、ビジョン創造や職場での対話促進を支援する。

39 ポジティブ・ヘルス施策としてのキャリアカウンセリング～続編～

ある人事担当者から連絡があり、「上司のパワハラを訴えている新入社員がいる。健康面も心配なので、一度会って欲しい」と依頼され、本人と会うことになりました。お会いしてみると、やや斜に構えているものの、まだあどけなさも残る20代の男性でした。「自分はそこまで仕事に熱が入らない。上司から熱く注意されると、勘弁してくれって思う」と話されます。

詳しく話を聞くと、「思っていたイメージと違った」とか「実際はあまり面白い仕事ではなかった」など、いわゆるリアリティショックのような不満を色々話してくれました。新人にはよくある話とも思いましたが、ただ彼は「そもそも自分は、何がしたいのかよく分からない」とも口にしました。私には、この一言は彼の率直な思いであり迷いであるように感じられました。

私としては、パワハラと、「何をしたいか分からない」という彼の訴えのどちらに焦点を当てるのか迷いました。そして今回はハラスメントを一旦横に置き、「何をしたいのか考えてみませんか」と提案し、キャリアストーリー・インタビューを実施することにしました。キャリアストーリー・インタビューは、アメリカの心理学者であるマーク・サビカス博士が開発し、日本でも大学を中心に実施されているアプローチで、以下の質問を投げかけ、その回答をじっくり聴くことを通して未来を構成していくものです。

1．あなたが、少年（少女）時代、尊敬、憧れた人物は誰ですか？　その人についてお話しください。
2．あなたが、定期的に読んだり視聴したりしている雑誌やテレビ番組はありますか？　どんなところが好きですか？
3．あなたのお気に入りの小説あるいは映画は何ですか？　そのストーリーをお話しください。
4．あなたのお気に入りのことわざ、あるいは座右の銘を教えてください。
5．３歳から６歳頃に、あるいは思い出せる限り早い時期に、あなたに起きた出来事に関する３つの物語をお話しください。

彼は１の問いに対して、爆竜戦隊アバレンジャーと答えました。その理由を尋ねると、「やんちゃだけど、優しくて強いところ」と笑いながら話してくれました。このように問いを重ねていく中で、彼は幼少期から「強く、誠実でなければいけない」と考えていたことが分かってきました。「どんなことでも周りで１番にできなければいけない」という思いがあり、それがアバレンジャーへの憧れにつながっているのではと自らを振り返りました。

また、「両親に認めてもらうために、自分にできることを突き詰め、逆にできなさそうなことには手を出さないようにしていた」とも話してくれました。定期的に読んでいた雑誌も、多くの人が知らない情報をいち早く取り入れたいとの思いから選んでいたとのこと。「初めは周囲に理解されず、失敗ばかりだったとしても、頑張れば最後には理解してもらえるという安心感が得られる場所を求めている気がする」などとも話してくれました。

３回のキャリアストーリー・インタビューの最終日、彼は「先のことは誰にも分からないし、初めは上手くいかなくても、継続していればできるようになることもあるのではないかと思う。もしかしたら、私の両親も『何でもできなきゃダメ』と言っていたのではなく、諦めずに最後までやり通すことを教えたかったのかもしれません。そしてそれは、もしかすると今の上司も同じなのかもしれません」と、自らの気づきを話してくれました。「今の職場でできることもまだあると思うので、もう少し、頑張ってみます」と言って相談を終了しました。

パワハラという言葉を聞くと、ついその言葉に反応して、どんな現象があったのかを明確にし、それによるストレス反応がどのようなものか、という因果関係を明らかにしたい気持ちが膨らむものと思います。企業としては、安全配慮義務の観点から、リスクに着目して明確化する方向に面談を進め、健康面に心配があれば、専門家につなぐアプローチを行うことは間違いではありません。ただ、いわば問題焦点型ともいえるその視座のみに拘泥していたら、このような面談にはならなかったかもしれません。

社員本人を理解し、目の前のその人のなりたい姿に向けて成長を支援するポジティブな姿勢が、結果として会社のリスクを軽減することは少なくない気がします。最初に提示されたリスクに注目しすぎて視野が狭くならないよう、注意が必要だと感じた事例でした。

ポイント

- □ キャリアへの適合感がないと、ストレスを大きく受け止めることがある。
- □ 自分の働き方への納得感が増せば、ストレスを減らすことはできる。
- □ キャリアストーリーの語りは、価値観やこだわりへの気づきを促す。

40 高齢社員へのキャリアカウンセリングの課題

最近、年齢の高い社員からの相談が多く寄せられるようになってきています。EAP でキャリア相談が可能であることや、「キャリア」という言葉自体のプロモーションが進んだことが背景にあるようです。

先日も、59歳を迎え、あと１年で定年を迎えるＳさんから「今後の生き方を考えたい」との相談を受けました。Wさんのお勤め先では、55歳で役職定年となって役職手当がカット、60歳の誕生日で定年になります。雇用延長は可能ですが、その際の給与は概ね３割カットになるとのこと。

しかし、子どもが大学院に在学中でその学費も必要。家のローンも数年残っている。でも最近は持病の腰痛がひどく、ずっと座っているのがつらい。できれば経験を活かしてもっと給料のよい会社に転職したいが、「この年齢でそんな条件のいい会社はないだろう」とおっしゃいます。

また、役職定年後も同じ部署で勤務しているため、「手当は出ないのに、結局ほとんど同じ仕事をしている」とのことでした。かと言って、「今さら違う部署で新しい仕事を覚えるのは無理がある」ともお感じです。同じ仕事をしているのに、給料がどんどん下がっていくため、Wさんとしては「やってられない」と不満を募らせていました。

Wさんは、「同様の不満を持つ社員がたくさんいる」「こうした『実態』を会社に伝えて欲しい」「私の名前を伝えてもらって構わない」とおっしゃることもあり、会社の担当窓口である人事担当者の名前をWさんに伝え、報告内容を確認の上、人事担当に報告することにしました。

人事担当の方は、すぐにWさんのことが分かったようで、「あの人は役職定年になってから、全然仕事をしなくなったんです」とのことでした。「以前と同じ仕事をしているなんて、とんでもない」とWさんの発言を否定し、実際は周囲も困っているという「実態」を教えてくれました。何かあると「腰が痛い」と仕事をせず、でも管理職はWさんの元部下だったこともあり、注意もしづらいようでした。逆に、「Wさんにどう関わったらいいのでしょう？」と、私が相談されてしまいました。

具体策というより、「難しい問題ですね」と人事担当に対する労いが中心となりましたが、こうした相談は今後さらに増えていくだろうと感じました。「腰が痛い中で、なんとか仕事をしている」と訴えるWさん。「腰が痛いと言って仕事をしない」と訴える会社。どちらも偽りのない「実態」なのだと思います。

腰痛は、決して珍しい症状ではありません。腰が痛くならないよう専門家と連携する視点は重要ですが、痛みを完全になくす対策には、限界があるかもしれません。年齢を重ねれば、どうしても様々な身体機能、認知機能の低下が生じてしまうでしょうし、それらのリスクすべてに目を光らせて根本治療、完全「回復」を目指すのは、現実的ではありません。

定年がさらに延長するであろう人生100年時代において、既存の「高年齢労働者に配慮した職場改善マニュアル」では追いつかない様々なアブセンティズム、プレゼンティズムが「発生して当然」となると予測できます。企業の安全配慮義務と、病気を抱えつつ働くことを支援する両立支援職場との「両立」が求められる気がします。

ポイント

- □ **役職定年、再雇用者などの高年齢労働者はますます増加する。**
- □ **本人の主観的頑張りや大変さと、周囲の評価にズレが生じやすい。**
- □ **配慮、目標、評価、技能の活用と継承など、様々な課題がある。**

41 「失敗したくない」若年社員の事例

各企業、新入社員の定着支援には色々と工夫を凝らしていると思いますが、弊社の相談室にも相変わらず若年層社員の職場不適応の問題が多く寄せられます。そうした社員が口にするのが「失敗が怖い」という想いです。

先日、入社２年目の営業職Ｙさんから相談を受けました。働き方改革で残業申請が煩雑になり、かつノー残業デーが増えたことで、ほぼ定時で帰らないといけなくなったのです。周囲との人間関係は悪くないそうですが、勤務中はとにかく余裕がなく、知りたいこともなかなか聞けないようでした。

Ｙさんは、もともと色々な人と話すのが好きで営業職を希望しました。顧客の声をじっくり聞いて解決策を提案する、いわゆる「ソリューション営業」に興味があって入社したのですが、実際に働き始めると、資料の準備や関係者間の調整ばかりで、やり甲斐が感じられなかったようです。

２年目からは実際に顧客企業を担当することになりました。その企業からは「明後日までに提案して」などタイトな要求が頻繁にあり、対応に相当苦慮したようです。ある時、提案書がうまく作れず「これでは受け入れてもらえない」と思うとさらに手は進まなくなり、結局資料を提出せずに顧客からクレームが来る事態になりました。上司はその状況を知っていたはずなのに何もしてくれず、その後も続く顧客とのやりとりでＹさんは徐々に疲弊、夜は眠れず朝起きられなくなり、仕事に行けなくなったのでした。

上司の勧めで心療内科を受診すると「適応障害」で休職を勧められました。しかし、Ｙさんは「休職するなら退職したい」と申し出たため、人事からEAPを紹介され、面談にお越しになりました。開始早々、「会社は辞めるつもり。転職先も目星はつけてある」「辞める前に上司から謝罪して欲しい」と訴えてきて、私もビックリしてしまいました。

私は、Ｙさんが「これまで頑張って来たこと」「できるようになったこと」を丁寧に聴きました。営業としての自分の成長を振り返ることで、少しずつ自信を取り戻し、謝罪などの要求はなくなっていきました。しかし結局、Ｙさんは自らの経験を「自分は精一杯やった」「会社が悪かった」と結論づけ退職していきました。私には、何となくもやもやした気持ちが残りました。

若手に限らず、「失敗したくない」という想いが強いと、失敗した時の失望や自信喪失も大きくなります。これはとても苦しい経験です。ただ、失望や自信喪失は、その失敗を認めて初めて感じるものでもあります。失敗を恐れる思いがあまりに強いと、「自分は失敗していない」と否認することもあります。Ｙさんも、「自分が上手くやれない」からではなく、「やりたいことができない会社」のせいにして転職していったのです。

近年、「レジリエンス」が注目されています。メンタルヘルス・マネジメント検定試験１種（マスターコース）論述問題でも出題されました。「レジリエンス」とは、困難で脅威的な状況においてもうまく適応できる心理的特性を指し、精神的回復力などと訳されます。レジリエンスが高いと、困難に直面し一時的に精神的不健康の状態に陥っても、それを乗り越えうまく適応できるとされます。

手厚い組織ほど、社員が強いストレスを経験しないよう「失敗させない」指導や支援を目指しているかもしれません。しかし、レジリエンスを高める方向性、「失敗しても大丈夫」という安心感を醸し出すことが、今後より重要になっていくのではと予想しています。

ポイント

- □ 失敗したくない、失敗が怖いとの想いが強い若手社員が多い。
- □ 失敗恐怖が強いと、隠蔽や否認、他人を悪者にすることがある。
- □ 失敗を適切に経験させ、レジリエンスを高められる組織風土が重要。

42　社員が自殺や事故で亡くなった場合の事後対応

最近、自殺や事故で社員の方が突然に亡くなり、関係者への心のケア（ポストベンション）を依頼されることが続いています。昨今のメンタルヘルス対策では、ポジティブヘルスや健康経営など一次予防の重要性が叫ばれますが、一方ではこのような有事における対応依頼も増加しています。

先日も、ある会社の人事担当者から「社員が自殺した」と連絡を受け、ショックを受けている関係者への心のケアを依頼されました。会社に伺って人事担当者と打合せをした後、第一発見者、上司、同僚、同期など、関わりの深い社員にお会いし、健康状態の確認やPTSD予防のための情報提供等を行いました。面談後は、同意を得られた社員の情報を人事担当者にフィードバックしています。

その際、人事担当者から、社員の自殺は初めてで、その方が使用していた机や椅子、パソコンなどの扱いをどうすべきか迷っていると相談されました。オフィスのレイアウトを一新するのがよいのか、あまり刺激をしないほうがよいのかも悩んでいらっしゃいました。

その方は、「亡くなった社員の机に、何事もなかったかのように他の人に座らせるのはさすがに問題があると思う。後で事実を知ったら嫌がるのではと思う。でも、『嫌がると思う』という発想自体が、仲間だった方に失礼な気もして…」と、複雑な想いを話してくれました。

また、部署からは「机があると思い出してつらい」という声と同時に「机を片付けてなかったことにするつもりか」という声もあり、担当者としてもどうしたらよいものか判断が付けられない様子でした。

自殺という事態は、死去の理由を表立って言えない難しさが伴う場合が多くあります。病気や事故とは異なり、「自殺」の公表には躊躇が発生し、かつ躊躇が生じること自体にも故人に対する罪悪感が伴います。遺族の意志などにより、自殺という死因が一部の人にしか知らされない場合は、事実を知る方に多大な葛藤が生じてしまいます。

また、様々なポストベンションに関わっていると、お葬式や初七日、四十九日といった宗教上の儀式が心のケアに大きくかかわると感じます。亡くなった理由にもよりますが、お葬式に参列できた人と、参列できなかった人では、その後の気持ちの治まりに違いがあるような気がします。顔や遺影を見て手を合わせて故人の冥福を祈ることは、その方のいない世界で生きていくために必要な区切りのように思えます。遺族が社員の参列や仏壇へのお参りを拒否される場合、社員の気持ちの切替えが進みにくくなります。

机の話に戻ります。仏教では四十九日、神道では五十日、キリスト教では三十日にひとつの区切りがあります。１～２カ月の間、というのが歴史に裏付けられた「区切りの時期」と考えられ、レイアウト変更なり、机の撤去を行うタイミングとしてひとつの目安になります。

対応の根拠に特定の宗教を取り上げるのは問題があるかもしれません。理由として社員に示すには慎重さが求められますが、命にかかわることに関しては、宗教的な智慧を借りて心のケアを進めることも肝要だと感じています。

ポイント

- □ 自殺や事故で社員が亡くなった際、周囲の方々への心のケアが求められる。
- □ 気持ちの整理につながる儀式や情報公開が、行いづらい状況もある。
- □ 事後対応では故人への敬意を保ち、宗教的な知慧も借りて対応する。

43 パワハラ行為（加害）者への対応

ある会社の人事担当者から「複数の社員から営業課長のパワハラに関する訴えがあり、具体的な対応が求められている。課長にそちらの教育プログラムを受けさせたい」と相談を受けました。

詳しく伺うと、その課長は毎年しっかり数字を挙げる優秀な管理職なので、会社も被害者である社員も大ごとにしたいわけではない様子でした。ただ、社員達が課長の厳しいダメ出しで参ってしまっており、「課長の指導方法を修正して欲しい」とのことでした。

行為者への教育プログラムの勧め方も頭を悩ませるところです。人事担当者としては、ご自身で営業課長に「複数の部下からパワハラの訴えが出ている」「EAP の教育プログラムを受けるように」と伝えようと考えていました。しかし、相談の中で、その伝え方では反発もありそうだとなり、課長が信頼する営業部長から「あなたを評価している。ただ、時代に合わせて指導方法の選択肢を増やして欲しい」と伝えてもらうことにしました。

相談室を訪れた営業課長は、身なりのきっちりした優しい印象の男性でした。まずは相談に来てくれたことを労い、会社から教育プログラムを受けるよう言われた背景を尋ねたところ、常に営業の最前線で数字を挙げ続けてきた自負や、数字のプレッシャー、最近の部下の扱いの苦労などが語られました。私はとにかく聴くに徹し、課長の苦労や頑張りを労いました。

徐々に部下について話題を振り、指導への想いを尋ねました。すると、成績が振るわない部下に対する「あのままでは将来本人が困る」という想いや、「周囲は誰も指摘しない」「実際に私がガツンと言えば成績が上がる」といった話も語られました。前任の課長は褒めて伸ばすタイプだったものの、課の成績が思わしくなかったため、自分が異動してきたとのこと。当初は前任課長の方針を踏襲していたものの、あまり手ごたえが感じられず、「いつの間にか指導が厳しくなっていったかもしれない」と自らを振り返っていました。

教育プログラム「アサーショントレーニング（※事例3—15参照）」についても、部下指導以外での有用性も認めてくださり、素直に受け入れてもらえました。導入に使った「回帰の誤びゅう」の説明が効果的だったと思います。

同じ業務を繰り返していると、必ず好不調の波があります。常に最高の成績を出し続ける、あるいは常に最悪の結果となり続けることはありません。極端によい成績の後は平凡な成績に近づき、極端に悪い成績の後も平凡な成績に近づきます。これを回帰現象と言います。

つまり、最高の成績を出した後は褒められようが褒められまいが成績は下がり、最低の成績の後は叱られようが叱られまいが成績が上がりやすいのです。しかし、上司としては褒めた後に成績が下がると褒める効果を疑い、叱った後に成績が上がると叱る効果を強く感じる錯覚に陥ります。これを「回帰の誤びゅう」と言います。

叱られることで短期的に緊張感が出て社員が頑張ることはあるかもしれません。しかし、叱られ続けた社員は長期的には切迫感や挫折感を感じ、自信や自尊心を低下させてやる気を失い、課題から逃げるようになると考えられます。そこに「パワハラ」という言葉が使われると、管理職自身の立場も危ぶまれます。「回帰の誤びゅう」には要注意です。

ただ、営業課長の部下へのダメ出し行動に対して「ダメ出しはダメですよ」とダメ出しをしても、課長のダメ出し行動は止まるとは言えません。ここが、行為者への対応で非常に難しいポイントです。行為者の「ダメさ」に着目し、矯正する関わり方だけではなく、本人が何をしたいのかを聞き出し、それを実現するにはどういう対応が必要なのかを検討する、いわゆるスーパービジョンのような関わり方が求められるように感じています。

また、スーパービジョンでの大切な関わりのひとつに「エンパワーメント」があります。「あなたには力がある、と伝えていくこと」と考えてください。根拠なく「できますよ」「力ありますよ」と言っても意味がありません。相手の方の特定の行動や考えを捉え、「それでよいと思います」と支持した上で行うからこそ効果があると言えます。

営業課長と話す中で、「ダメ出しではない指導法」が出た時に、「いいですね」と支持し、「それならできそうじゃないですか？」と勇気づけ、「是非やってみてください」と後押しする。その後は実行具合を確認し、結果や効果を語ってもらう。修正点も検討しながら「やっていけそうですか？」と聞き、「そうですね、当面ぎこちなくなりそうですが」などと返ってきたら、「さすがです。課長なら大丈夫だと思います」とエンパワーして終結します。

この一連の流れは、実は部下指導の流れそのものです。誰からもこうした「力を引き出す」関わりを受けた経験がないために、方法が分からず「パワハラ的指導」に陥っている方は多いです。適切な指導をその身で学んでもらうことも、行為者トレーニングでは意識して行います。

ポイント

- □　**パワハラ行為者への教育は、懲罰ではなく「指導の選択肢の増強」。**
- □　**「回帰の誤びゅう」には要注意。大切なのは、叱った後のよい行動を褒めること。**
- □　**適切な指導の習得には、適切な指導行動を承認してくれる人が必要。**

4

事例で分かる
問題とその対処法
〜ウイズコロナ編〜

新型コロナウイルス感染防止に伴う在宅勤務のストレス

2020年 2 月以降、新型コロナウイルスによる感染拡大の影響で、世間では、様々なイベントが中止・延期を余儀なくされました。

企業の人事担当者も、自分や家族、同僚が感染してしまうかもしれないという不安の中、自社の経営を守るべく、社員の様々な働き方を模索したことと思います。緊急事態宣言を機に在宅勤務を導入した会社も多いと聞きます。

筆者が勤める相談室でも、新型コロナウイルスに関連した相談が増えています。急速に悪化する経営状況に不安を隠せない旅館業の方、在宅勤務ができない医療関係者、復職の見通しが立たないメンタルヘルス不調による休職者など、様々な問題が表面化してきています。そうした中、慣れない在宅勤務によるストレスを訴える方も目立ってきており、例えば以下のような家庭にまつわる相談も急増しました。

[子どものこと]

・休校中の子どもを家に残しており、本当は仕事を休みたい。
・子どもに鼻水や咳があると、自分は仕事に行っていいか迷う。
・子どもが勉強せず、ゲームや動画ばかり見ている。
・子どもがいつも以上に暴れたり、かんしゃくを起こす。

[パートナーとのこと]

・家族と一緒に過ごす時間が急に多くなり、イライラが溜まる。
・長時間一緒にいると、パートナーの嫌な部分がますます目につく。
・色々と不安なのに、パートナーは「大丈夫だ」と言うだけ。

[自分の気持ちについて]

・マスクも手に入らないし、自分や家族の健康が守れるか心配。
・一人になる時間がなくて、リフレッシュできない。

・親が感染したら、その世話はどうしたらいいのだろう。
・罹患したら収入は確保できるのかなど将来が心配。

緊急事態宣言下における在宅勤務では、外出を控え三密（密閉、密集、密接）を避けることで「感染拡大」「医療崩壊」を防ぐという重要な意義があったと思います。しかし、緊急事態宣言が解除された後も事態の収束が見えず、在宅勤務が長期化し「家の中にずっといること」「家族も一緒にずっといること」が続くと、どうしても閉塞感が高まる印象です。

日々、「ウイルスによる死者何人」「軽症でも人にうつしているかも」という情報で恐怖を喚起されている状況も、心理的に萎縮していきます。これが例えば台風対策なら、「自宅にいる」ことの効果が実感しやすいですが、ウイルスに対して「自宅にいる」という対策は、危険を回避できた手ごたえが得づらいといえます。在宅が長いと体を動かす機会も少なくなり、いわゆるストレス発散機会も少なくなります。

ここで、在宅勤務のストレス対策を考えてみます。まず、繰り返し恐怖を喚起される報道はストレッサーとなりますので、例えばニュースは「信頼できるメディアを朝・夕それぞれ30分ずつ」など、時間を決めて視聴します。また、メンタルヘルスには睡眠が重要で、快適な睡眠には規則正しい生活リズムや運動がポイントです。在宅勤務の環境改善策としてポジティブアプローチを基本としたグループディスカッションを家庭内で行ってみるのもよいかもしれません。

これらはまさにメンタルヘルス・マネジメント検定試験のテキストにも記載されている内容です。在宅勤務のストレス対策だからといって、目新しい対策が必要というよりは、まずは基本を押さえることが重要でしょう。この事態を打開するためにも、メンタルヘルス・マネジメント検定試験は役に立ちます。

2 テレワークでのラインケアに悩む管理職の事例

ある日、オンライン研修を終えて自席に戻ると、人事担当者からの電話があったとのメモが残されていました。この方は、社内の課題や問題が発生した際に「EAP を使えないか」といつも考えてくださる方で、EAP の活用がとても上手な方です。今回は何だろう？と思いながら掛け直しました。

「テレワークをしている社員に休業者が出まして。診断名は適応障害ということなのですが…」テレワークが始まって 2 カ月目に入った頃から、こうした相談が少しずつ出てきました。「家で仕事をする」、言葉ではこれだけのことですが、様々な変化が各企業・個人に起きています。その適応過程で体調を崩す方が一定数出ることは、ある意味で自然な反応ともいえます。

相談の内容は「その社員の上司が『自分の対応が悪かったのか』と落ち込んでいまして。というのもその社員が上司のサポートがなかったと言っているのです。テレワークでのラインケアの注意事項の資料はないでしょうか？」というものでした。何を隠そう、私が席に戻る前に行っていた研修がまさにその内容。「研修資料を全ては出せないんですが…」と言いつつ、抜粋資料をお送りしてその管理職の方に渡していただきました。

数日後、その管理職の方から連絡が入りました。「資料ありがとうございました。非常に参考になりました」。嬉しい反応です。どのあたりが？と伺ってみました。「お互い見えない・聞こえない・分からないが前提のテレワークでは、これまで同様のラインケアの完遂は無理と言い切ってくださった部分です。加えて、部下の自律性や自発性が重要になるとのお話も何か救いに感じました」とのこと。そう、テレワークでは〈いつもと違う〉状態に気づく手段が激減します。上司が気づいて声をかけるアクションはどうしても限界があり、その分、社員自身から助けを求める力が大切になります。

「でも、自分がもう少しできた部分にも気づかされました。声かけは適宜していたのですが毎日ではなかったので、彼が一日誰とも交流せずに過ごした日もあったのかと思うと、申し訳なかったです」

弊社のセミナー内で実施したアンケートでは、過半数の方が部下に「毎日」の声かけをしており、皆さんすごいなーと私自身も感服しました。毎日の声かけというと面倒に感じられるかもしれませんが、具体的には、オンラインの朝礼で顔を見せ合う、朝夕の挨拶メールで声をかけ合うという「仕組み」を作って、「何かあればいつでも言って」との雰囲気づくりを行っていらっしゃいました。

自律性重視、と相反するように感じられるかもしれませんが、困った時や苦しい時に自律的・自発的に発信することを社員に求めるには、そのきっかけ作りや促しを行うのは職場や管理職の役目ではないかと私は考えています。

そして、万一を考えると、連絡が取れなくなった場合の緊急連絡先を確保しておくことも必要です。特に一人暮らしの場合、メンタルヘルス不調以外でも何があるか分かりません。不調や異変の発見が遅くならないよう、安全確認、点呼の意味でも、声掛けは毎日行うと共に、非常時の連絡方法や手順は改めて確認しておきましょう。

事例のポイント

- □　テレワークでは、従来と同じやり方、同水準のラインケアは難しく、従業員一人一人の「自律性」が、より大切になる。
- □　「困った時には相談できる」仕組みと雰囲気の整備が必要。
- □　チームの全員が、一日一度は誰かとコミュニケーションを取れるように。

3 テレワークでチャットに忙殺される人事課長の事例

オンラインでのEAPの利用状況報告の際、人事課長とテレワークの話になりました。この人事課長は若いながらとても人当たりがよく、休職復職支援など連携をした相談者からも「人事課長と話すのに緊張していましたが、優しくて安心した」という話をよく聞く方でした。部下にとっても相談しやすい方なのだと思います。

その方が、「テレワークが始まってものすごく多忙になった」とおっしゃいます。緊急事態宣言に伴って急遽テレワークを行った企業では、管理部門の方々の負担はかなりのものがあったと思います。何があったのか詳しく伺うと…

「毎日、朝から晩までチャットに追われています。朝PCを立ち上げたらメッセージが溜まっているし、返信どころか既読になれば次のメッセージが来る、複数の会話が並行して走り、会議中でも容赦なく相談がくる。それらに対応していると、自分の仕事は定時後にやるような感じで正直ちょっと過重労働ですよ」「でも、『いつでも気軽に声かけてね』と言っている以上、『うるさい』とも言えないし…」と疲れた顔で苦笑いされます。

対面だったら1～2分で済むようなちょっとしたやりとりが、タイピングを通したやりとりになると5分以上かかる経験を、皆さんもされているのではないでしょうか。部下が4～5人もいれば全員から同時にチャットが来て誤爆したり、〈入力中〉の表示に「早く書いてよ～」と焦ったり。チャットはメールより「早い返信」を自然と相手に求めてしまう部分があります。

この方とのやりとりは以下のように続きました。
(以下、人事課長（人)、カウンセラー（カ))
(人）「この前なんか、『それ今チャットする必要ある？今すっごく忙しいんだけど』と返しちゃって、大反省ですよ。相手にこっちの状況が見えるわけでもないのにね」

そしてその後

(人) 「…あー、そっか、見えてない。そりゃそうか」

と一人で納得されています。

(人) 「普段なら離席中だと見えたけど、今はわからない。会議や細かい打合せなど、予定表に入れられていなかったので、それは入れておかないとですね」

(カ) 「予定の〈見える化〉ですね。職場環境改善でよく出るやつです、いいですね！」

(人) 「それと、今思えば、全部のチャットに同時に返そうと焦ってますね私は。『ちょっと待って』『会議中～』などと一言返すだけでも相手は待ってくれますよね。緊急ならそう言ってくれるよう伝えておいて」

(カ) 「そうですね～」

どんどん話が進むので私の出る幕はありません。

(カ) 「それと、チャットは確かに便利ですが、メールや電話、オンライン面談などのほうが適した場面はあると思います。そういう使い分けも大切かもですね。」

(人) 「あーそう言われると。チャットで来た人にはチャットで対応、と何となく固定化してました。〈入力中〉を待つくらいなら電話をもらうほうが早いですね。もしくはメールにまとめてもらうか」

(カ) 「そうですね。情報量や相手の状況によってツールは使い分けたいですね。部下の相談を全て課長が受けるのも大変ですよね。チーム内で相互に確認できるようグループチャットを活用している職場も多いですし、〈報連相〉のスキルを改めて周知し、実践力向上を図っている職場もありますよ」

(人) 「なるほど部下に相談上手になってもらうわけですね。ちょっとやってみます」

そんな感じで相談は終わりました。

この課長はやはりとても優しい方で、テレワークによって部下や社員の負担が増えることを気にされるあまり、ご自身で抱えこんでいた部分もありました。部下も社員もみんな「大人」ですから、説明や役割や指針があればおおむね適切に動いてくれます。こうした部分でも相手を信頼し、自律性に任せる姿勢が大切に思えました。

ポイント

- □「見えない」上司の状態を「見せる」工夫が必要。
- □「上司とのチャット」以外のコミュニケーション方法も活用。
- □「相談のスキル」をチーム内で確認、向上する機会にできる。

4 テレワークで部下が無愛想に…嫌われた？と焦る管理職の事例

「オンライン面談も活用して部下の話を聴いてくださいね」と伝えると、「画面越しで本音が聞ける？」「対面には劣る」との質問をいただくことがあります。私の答えはだいたい同じ「微妙な表情の変化など、対面に劣る部分はある。一方、電話やメールより情報が多いのも事実。また、オンラインのほうが対面より緊張せず話せるという方もいるんです実は。万全ではなくとも、限界を意識した上で使えばよいかなと思います」と伝えています。

「オンライン（＝画面越し）のほうが安心して人と接することができる」という場合、本人の要因か、上司が怖すぎるのが原因かは一概には分かりません。ただやはり色々と考えさせられるものはあります。ある管理職からこんな相談がありました。

「テレワークをしていた部下が久しぶりに出社したのだが、何だか目が合いにくい気がした。特定の人とは話しているのだが、上司である自分や同僚と話す時に表情が乏しいというか、愛想が悪くなったというか。何かあったかなと振り返ったり周囲に聞いたりしたのですが、思い当たる節はなく。これ何なんでしょうか？」

はて、いったい何なんでしょうか？　なかなか難しい相談です。こういう時は本人に聞くのが一番、ということで嫌がられるかなとも思いながら、上司からご本人にEAPへの相談を勧めてもらったところ、同意が得られてオンライン面談を行いました。

個人的にオンライン面談は初回の挨拶がやや気恥ずかしいのですが、その部下の方も「あ、どうもAです」とやや硬い表情でした。ただ、導入で仕事内容やテレワークでの苦労などを聴いていると自然な笑顔も出てきて、抑うつ症状ということではなさそうでした。

頃合いを見て、「上司の方は、Aさんが普段と違う感じがして心配、あまり笑わないし目が合いにくいとおっしゃっていたのですが」と切り込んでみました。ご本人は「え、そんなつもりはなかったですけど。他に何か言っていました？」とおっしゃいます。「周囲の方も『在宅中に嫌なことあったのか、悪いことしたかな』と気にされているとのことでした」と私。「そうなんですね…本当にそんなことないんですけど」「…でもよく考えると、元々自分はやや内に籠りがちというか、陽気に明るく人と接するのが得意な方ではないんです。会社に行けばまぁ頑張って笑顔で接してましたが、在宅では笑顔は作らないし、挨拶もしないのでそういうの忘れてたと言うか」「在宅の疲れと慣れで、自分の素が出すぎていたかもしれません。たしかに自己中に映っちゃいますね」とのこと。私からは「家で一人では笑わないかもなので、表情筋が衰えた可能性もあります！　筋トレしましょう」と笑顔の挨拶をお勧めしました。

在宅勤務では人に見られている意識（公的自己意識）が減ります。常に人の目を意識しすぎるのも疲れますが、実は自分の我（私的自己意識）が出すぎないためにはある程度必要でもあります。人によってはテレワークが長く続くことで社会性が低下する可能性があるのです。出社日やオンライン面談で元気がなさそうに見える方がいたら心配する気持ちは伝えて体調確認などはしつつ、特に心身の不調ではなさそうなら、挨拶をする・返すなどの基本的な関わりを丁寧に行うことで「社会性の再訓練」を行っていくことが有効かもしれません。

ポイント

- □　テレワークでは、「人に見られていない」ことが常態化する。
- □　公的自己意識が低下し、私的自己意識が上昇する可能性がある。
  つまり、「ジコチュー・傍若無人」感が増す人もいる。
- □　笑顔で挨拶や雑談をする機会が減り衰えた表情筋の筋トレも必要。

5 時間で見るのか成果で見るのか…テレワークの管理の難しさ

「会社は社員を信用してないってことですよね！」強い口調で訴える社員のBさん、何があったのでしょうか。

「緊急事態宣言後にテレワークがドタバタと始まって、会社も大変だろうなと思って私もできる限りのことはしようと机とか買って頑張っていたんです。それが最近では、在宅だと社員がサボっていると思うのか、メールやチャットにすぐに返信をしないと、今何してたんだ、席を離れていたのかと確認されるようになって。会社でもお手洗いに行くこともあれば、コーヒーで一息入れることもありますよね？というか、社員がただ席に座っていればよいと思っているからそういう発想になるわけですよね。何かバカバカしく感じてきて…」

と憤慨されていました。

「部下の管理が難しい」管理職からはそうした声も聞かれます。

管理職（管）「うちの部署には明確な営業成績もないので、これまでは正直、何をしているかわからない再雇用の人もいたりしたのですが、テレワークになったら果たしてみんな何をしているのか…ぶっちゃけ言うと、朝ログインだけして寝てるんじゃないかなとか、思ってしまいます。ただ、『起きてます？』なんて聞いても意味がないので、今さらですけど日報を作ったのと、そもそも持っている業務を把握するために棚卸しを行いました」

カウンセラー「おー、いいんじゃないですか？　どうなりました？」

（管）「案の定というか、業務の偏りがすごかったです。でもだから仕事の少ない人が他人の業務をすぐ担当できるかというとスキル的に無理ですし、でもやっている人からしたら腹も立つでしょうし、仕事、成果が明らかになるのも善し悪しありますね。日報も、やっぱり緩い人は緩い内容を判で押したように出してきますし、続けるかどうか悩ましく感じています」

テレワークは、相手の姿が見えません。そこに「仕事してないのでは」と考えると、まさに「疑心暗鬼を生ず」です。今後、マネジメントの焦点は「席にいるか」「寝てないか」という〈時間管理や監視〉ではなく、「どんな仕事をしたか」「目標に近づいたか」という〈パフォーマンス管理〉になってくると思われます。それはそれで悪いことではないと思いますが、その結果として、これまで何となく曖昧に隠されていたローパフォーマーがあぶりだされることは十分に考えられます。

「でも」とこの管理職は続けます。

（管）「何というか、テレワークって仕事の基本を試される？　鍛えられる？　そんな気がします。指示は早めに明確に、期待や疑問点は放置せず相互に確認、任せるべきは任せたうえで、アウトプットとアウトカムをしっかりと確認していく。普段の職場でできているべきことはやっぱり大切なんだと思います。部下は部下で、いつまでも『テレワークだからできない』とばかり言っていられない状況になる。もちろん、あまりに『成果』に偏重するのもよくないでしょうから、難しい状況で前向きに工夫できる姿勢のある社員をしっかりと評価していきたいですね。やっぱり日報も、頻度は考えるとして、続けていきたいと思います」

研修後に質問に来てくれた管理職とのやりとりでしたが、悩みながらも真摯にマネジメントやお仕事に向き合う姿勢には、私自身も心から応援をしたくなりました。

昨今は「全社員完全テレワーク」という会社もあります。業務の生産性が全てログで管理できるので、どこで働こうが短時間で作業を終えようが、「仕事してればいい」となるようです。テレワークを始めたばかりの企業では、このパフォーマンス管理をどのように効率的に行っていくのかが大きなポイントになるでしょう。「日報」がいつまでもベストとは限りません。Bさんの部署のその後の取組みも聞いてみたいと思っています。

ポイント

- □ テレワークでは、「サボること」は可能だが、もう仕方がない。
- □ 管理ツールで「サボってないこと」を確認する方向性も考えられるが、元々ちゃんとする人が「信用されてない」と感じるリスクもある。
- □ 成果を見る方向になると思われるが、課題もある。

上司が自宅の様子や行動を監視してくると訴える社員

「オンライン面談が苦痛で仕方がない。EAPから止めさせるように言ってくれないか」そんな相談がある女性社員から寄せられました。EAPには何かを強制的に停止させる権限はありませんが、必要に応じて職場と連携して対応することが特徴でもあります。が、もう少し事情を聞きましょう。

「先月から、週に1回、上司とオンラインで1対1の面談をするようになりました。初めはコミュニケーションの少なさがしんどく感じていた頃だったのでありがたかったのですが、何度か続けるうちに、上司が自宅の中を色々と見せろと言うようになってきたんです」

どうも、セクハラの匂いがする相談です。

「最初は、画面の後ろの棚に映った雑貨を褒めるくらいだったのですが、『安全配慮義務だから』と部屋の中を見せるように言われたり、今日は『なんか小物の場所変わってない？　彼氏が動かしたの？』とか言われて、マジ気持ち悪いなと思って、私以外にも『女っぽくない部屋だな』と言われて怒っている先輩や、深夜にSNSで『もう寝た？　夜更かしで仕事に影響出しちゃダメだよ』と言われた人もいます」

あぁ、これはダメなやつですね…

表情が見えるオンライン面談は、部下の様子を把握するためにとても有用なツールと感じています。一方で、普段見ることのできない同僚の自宅の様子が垣間見えることで、疑似的な親近感を覚えてしまう面もあります。要は「部屋を見せてくれた≒親しくなった」と勘違いしやすいのです。このあたりの距離感に敏感な方は、オンラインで朝礼をする場合などでも、できるだけ生活感を消せる背景や仮想背景を選んでいるのではないかと思います。

しかし、「安全配慮」とはどういうことでしょう？　おそらく、「部下の就業環境を把握することは大切なので自宅内の危険性を把握しておく必要があるのだよ管理職には」といったところでしょうか。しかし、自分で希望したわけでもなく、COVID－19対策として急遽自宅作業を命じられ、「環境確認だ部屋見せろ」などと言われたら、少なくとも私なら胸中でキレます。

安全配慮義務というなら、作業しづらい環境があれば（危険予知）、健康障害という結果の回避策を会社が取る（作業台などの什器を購入する）のでしょうか？　GAFA の一角でもそこは個人負担との報道がありました。仮に購入する場合でも作業場所の写真を見せるか、適切な作業環境を伝えて社員自身が調節する形でもよいでしょう。

テレワークでの安全配慮はプライバシーとの兼ね合いを考える必要があります。オンライン面談は、部下が個人的空間を見られたくない、無遠慮に色々と詮索・言及されたくないと感じている可能性も念頭に置いて行っていただければと思います。

なお、このケースは全社一斉での管理職への連絡の形で注意喚起が行われ、その後は同様の行為は鳴りを潜めたため終結となりました。

三密回避でそもそも人との交流や娯楽が激減し、テレワークにより、職場の仲間との距離間が大きく変化しました。「上司から声かけすらない。チームから疎外されている」「会社は自分に興味がない」そんな相談もある一方で、「そこまで近づいて欲しいとは言ってない」との相談もあるわけです。上司にも人恋しい気持ちが出てくる状況かも知れませんが、部下への興味が、個人的領域や個人的時間にまで侵入していないか、気を付けたいものです。

ポイント

- □　**同僚の自宅の様子が見えることは公私の境界線を曖昧にする。「親しくなった」と勘違いしないように。**
- □　**テレワークでの「安全配慮」はプライバシー権との兼ね合いがある。**
- □　**声かけすらないのもダメだがセクハラにならないよう注意を。**

「ランチ会」「リモ飲み」は全員参加なのですか？

「テレワークでは個人が孤立しがちなので、コミュニケーションを活性化し、相談のしやすさを高めてチームワークの醸成を図ろう！」まことに正論です。「わが部署もオンライン面談に慣れてきたし、コロナで飲み会もできないし、リモート飲み会（リモ飲み）やっちゃうか！」

確かにプライベートでリモ飲みを楽しんでいる方も少なくないようです。しかしこれを会社で行おうとすると色々と問題も生じるようです。

ここにお悩みの管理職がいらっしゃいます。「部下の発案で、部署で『リモ飲み』をしようかとなったのですが、終業後にやろうとすると既婚者を中心に反対と言うか拒否が多くて」とのこと。

家族がいる人が、家でPCの前でお酒を飲むのは、一人暮らしの人とはまた違う難しさがあります。在宅勤務あるあるとでも言えそうな事柄のひとつに、会社で残業したり、会社帰りに飲み会で「夕飯イラネ」と言ったりしても別に何も言われなかったのに、家にいて残業している、家にいるのに「飲み会」している、という状況は家族から文句が出る確率が格段に上がるというものがあります。なのでこの管理職には申し訳ないのですが、「そうだろうなー」と思ってしまいました。もちろん、一人暮らしでも「いやもう仕事終わったらすぐ飯食って韓国ドラマ観たい」という方もいます。様々な家庭環境や価値観があり通常の宴会でも色々な意見が寄せられる時代「リモ飲み」の賛否が分かれるのはとても自然なことです。

そもそも終業後の時間を使う飲み会は、自由参加が基本になると思います。強制参加で費用も個人負担というのはちょっとつらい。つまり、「リモ飲み」も強制することは問題を生むと考えておくほうがよいでしょう。

「新入社員歓迎会」をリモ飲みでやった、という企業もありました。これは好評だったようです。通常の懇親会では、席が遠いと顔もよく分からないことがありますが、ここはオンラインならでは、一人一人の顔がよく見え、その後のコミュニケーションの取りやすさにつながったといいます。家族にも伝え、お子さんが登場していた方もいたそうです（大声が出ちゃった時はミュート機能が大活躍）。すごいなと思ったのは、可能な範囲で積極的な参加を依頼し、「業務」との位置づけを明確にして残業代を支払っていた点です。聞けば、普段からコミュニケーション促進費として宴会の補助費を出していて、現在浮いているそのお金を充てたとのこと。会社・上司が主導して開催する場合は、自由参加にするか、お金を払うか。どちらかにはしておきたいところです。

管理職の話に戻ります。「なのでランチ会に企画を変更したらこれも難航して。結局自由参加になりましたが、企画者は結構落ち込んでいました」

昼休みのランチ会を喜ぶかも人次第です。同僚との雑談で英気を養える人もいれば、休み時間はPCから離れたい人もいます。あくまで休憩時間に行うのなら、自由参加とした判断は正しいと思いますし、強制参加じゃない方が有意義な時間になるのでは？と私は返しました。加えて、企画者の方が、「全員参加でないと意味がない」「不参加の人は非協力的だ」などと、落ち込んだり怒りを溜めたりしないようなケアも、管理職の方にはお願いしました。

休憩時間や終業後もつながりうるツールがある時代だからこそ、同僚同士でもそれぞれ人との距離感が異なることを理解し、節度や境界線を大切にして関わっていきたいものです。

ポイント

□　「リモ飲み」の歓迎度は、人による。通常の宴会と同じともいえるし、通常の宴会以上に参加が難しいこともある。
□　「ランチ会」含め、終業後や休憩時間の活動の強制には要注意。
□　休憩中や終業後の連絡が多いと「手待時間」で賃金発生!?

「テレワーク最高！　会社来なくてよくね？」と言って職場で浮いた社員

若手社員のCさんは、入社５年目で仕事にも慣れてきた頃。入社当初は見るからに自信が無さそうな様子でしたが、少しずつ仕事も覚え、最近は発言などもハキハキしてきて、上司としてはいい傾向だなと感じていました。一方で、就業中にスマホを触ったり、相手によって態度を変える様子が見られたりと、何となく「すれて」来ているような印象もあったそうです。

そんな中でのテレワーク明けの出勤時の発言。「あ〜何でコロナなのに出社しなきゃいけないんだよ〜。俺ずっとテレワークでいいのに。テレワークでも十分成果出してるし、電話とか取らないで済むからむしろ効率よいんだけど。社長ほんと分かってない」と言い、周囲が腹を立ててしまいました。

実はその部署には、セキュリティの関係や押印資料、顧客対応などで、緊急事態宣言中も毎日電車に乗って出社しないといけない人もいたそうです。また、当然ながら在宅勤務者の分の「電話とか」を会社で受けて対応したり、在宅勤務者宛の伝言を預かる作業を行っていた方がいるわけです。そこを「分かってない」のはどっちだよ！と周囲の怒りを買ってしまったというのです。

テレワークをしている人からすれば「テレワークだからできない・やりづらい」ことがあるのも事実だったと思います。しかし、そのできない・やりづらいことを誰かが処理していたことに、気づける人と気づけない人がいます。認知機能の成熟度といえるのかもしれませんが、人には元々、「自分が一番大変、自分が一番頑張っている」と思う部分があるように思います。仕事に自信がついてきた年代では、こうした自己中心性が高まるのかもしれません。

さて、問題はCさんおよび周囲の怒りへの対応です。「ふざけんな！誰がその電話取っとる思とんねん！」と一喝する案も管理職と私とのブレストでは出ましたが（笑）、いい機会だからと、「テレワークの良かった点と大変だった点を皆で振り返る」方法を取ることにしました。ストレスチェック後の職場環境改善のグループワークに近い発想です。

やってみたら、一部社員の多忙さを部署全員に知ってもらえる機会になると共に、Cさんなりにテレワークの工夫を重ねてきたことも分かりました。他の人に共有できてCさんも嬉しそうだったようです。結果的に出勤者の電話対応の負担は減らしていこうとなり、在宅勤務者もできるだけ掛け直しの電話対応をすることになりました。Cさんはというと、管理職が後で聞いたら「周りが見えてなかったです…」と自らを省みていたそうです。

ネガティブフィードバックは悪口ではなく、本人の視野にない部分に気づかせる育成方法であり上司の役割とも言えます。しかし、直接伝える以外にも、こうした前向きな話し合いを通して部下の視野の拡大を図ることもできます。

また、この管理職の方の言葉の繰り返しになりますが、COVID－19やテレワークで様々なトラブルや課題が各社で出たと思います。こういう時は「いい機会」です。課題をみんなで考え、全員が職場をよくしていく主体者だと感じてもらえるような取組みやコミュニケーションを行ってもらえればと思います。

ポイント

- □　視野の狭い社員にとって、テレワークでは組織や仕事の全体像は分かりづらくなる。
- □　孤立や疎外と感じる社員もいれば、「一人でできている」との万能感が高まる人もいる。
- □　組織内の様々な立場や職務の支え合いを認識させる関わりが重要。

9 パフォーマンスが上がらない社員へのテレワークでの指示・指導の難しさ

「ウチの役員、テレワークが始まった頃には『こういうのもいいな！　皆色々と頑張ってくれている』と言っていたのですが、業績が見えてくるとやはり顔色が変わってきました」。ある企業の人事部長から聞かせてもらったお話です。「営利企業である以上当然のことですが、緊急事態宣言下の売上低下は仕方がないとして、それ以降はＶ字回復が至上命題だと。在宅でも出勤でも個々のパフォーマンスを管理して成績を上げろ、という方針になりそう」とのこと。

この話を聴いて、上司の指導でしんどくなったDさんの相談がオーバーラップしてきました。「色々と至らない点があるのは自覚している。前の上司は、そんな自分に対して指導する際、『どうしたらいいか』を明確に伝えてくれたので、言われたことに納得できた。今の上司は、何というか感情的に怒るだけで、どうすればよいかが分からない。分からないから聞くのだが、あまり何度も聞くと仕事の邪魔だとまた怒られる。聞かないと間違うし、聞いたら怒られるし、どうしたらよいのか」といったものでした。

怒るってどんな感じですか？　メールとかあります？　と聞くと、その「感情的に怒っている」メールを見せてくれました。が、その上司を私が知らないからなのか、はて、これは怒っているのだろうか？と疑問を感じました。確かに「～は～ですね。ということは～ですね。じゃあ～なんじゃないですか？」といった感じで、論理的に詰められる感じはあったとはいえ、そこまで怒っているとか攻撃的との印象は受けませんでした。

もしかするとDさんは、テレワークで「私的自己意識」が高まり、口調や声の大きさや、何より表情といった非言語情報のない、文字のみで構成されたメールを読んで、自分で勝手に上司の怒った顔を思い浮かべ、自分の思い込みでメールの文章に感情（怒り）の色付けをしていたのかもしれません。

文字を媒体にしたコミュニケーションでは、この誤解は宿命的に起こります。ちょっと厳しめの指導や複雑な指示をする際は、電話やビデオ会議などでの情報補足も意識してください。

一方で、上司の方のメールは５Ｗ１Ｈが不明確だったり、主語と目的語が曖昧だったり、確かに「どうしたらよいか」が分かりにくくもありました。そもそも文章が、上司の思考の流れのままに書かれており、読みながら結論を探す必要もありました。

相談者のＤさんは、言語能力が高いとは言えず、文章の一部の言葉に飛びついてしまう傾向があります。そうした方に指示を出す際は、文章よりも箇条書きのほうが伝わりやすいことが多いです。Ｄさんのような方を相手にした時だけではなく、そもそもテレワークでの指示指導は、「文字」で行うことが増えます。管理職には、自分の考えをできるだけ正確に文字に落としこむ高い言語能力や、必要に応じて文字以外でのツールで情報を補足する姿勢が求められるようになるだろうと私は考えています。

なお、Ｄさんには、メールの文章で相手の感情を決めつけないこと、５Ｗ１Ｈや期限・報告時期を書き込む「指示メモ」を作り、それに基づいて上司に指示の確認をする方法を提案しました。

少し話は変わりますが、メールやSNSのメッセージ等が残るのは私共カウンセラーには状況が正確に見えて助かる一方、中には「裁判で出されたらまずいよな」と思う表現を目にすることもあります。そして、部下はそれを残しています。不況下では部下の成績管理に焦りも生じると思いますが、感情的表現や人格を貶める表現は、裁判で証拠提出されるリスクが高いことを知っておいてください。

ポイント

- □　**テレワークが日常になれば、企業は業績、個人は成果が求められる。真に成果を出そうとすると労使の課題が顕在化し、トラブルも増える。**
- □　**個人の業務量や処理能力が見える分、指導や評価も厳格化する。**
- □　**オンラインでの注意指導には、高い言語能力とツール選択力が必要。**

10 三密を回避したら出勤時の人間関係が密になった事例

「密を避ける」この目的のために、企業は様々な苦心をしています。Eさんの勤め先でも、店舗への出勤者を交代制にして制限し、少人数で業務を遂行することになりました。来客を予約制にし、ネットでの対応を強化するなど、業務量を調整する試みも取られてはいましたが、どうしても通常時より多忙となり、ひとりひとりの余裕も失われていました。

このEさん、仕事ができないわけではないのですが、作業を覚えるのに平均より時間がかかるところがあります。また、同時に多数の作業が発生すると一瞬フリーズしてしまったり、結果としてミスや漏れが出てしまいます。この傾向は職場でも把握しており、普段は主任や先輩がカバーしたり、Eさんが失敗した後に話を聴いて慰めたりと複数の方がサポートしていました。

その後、上記の状況となり、Eさんの出勤日はお店を副店長とFさんの三名で回すことが多くなりました。人数は半減です。多忙の中、副店長もFさんも、Eさんへのサポートや指導を続けてきました。しかし、それでもEさんのミスがなくなるわけではありません。普段なら交替でカバーもできたのですが、何せこの人数です。常に副店長かFさんがかかわるしかありません。「ボーッとしないで」「いい加減にしてよ」「いつまで甘えてるの」いつの間にかそんな怒声が発されるようになっていました。

Eさんは Eさんで、つらいと思っても店には怒る二人しかおらず、「聴いてください」と言える相手を失っていました。職場にいる人数は減った分、同じ相手とのやりとりが増え、人間関係は密になっていたのです。

Eさんも副店長もFさんも、この限られた人間関係の中で息詰まりを感じ、店舗運営のプレッシャーにお互い押し潰されそうになっていました。

成績向上・目標達成のため、成長のためと注意や指導に熱が入るあまりについ言葉がキツくなり、労いや褒めることを忘れ、あれもダメこれも違うとダメ出しするうち、いつの間にか相手の人格・学歴・人生などまで否定してしまう。典型的なパワハラのエスカレートの図式です。パワハラは多忙な部署、プレッシャーの高い部署で起きやすいとの調査もあります。パワハラは生まれついての悪人や、根っから攻撃的な人がする行為だとは限りません。至って普通の人、まじめに頑張る人であっても、パワハラに向かわせやすい状況が存在することには注意が必要です。

さて、注意とは不適切な行動を減らすこと。指導とは適切な行動を増やすこと。私個人はそう区分けして認識しています。増やすにせよ減らすにせよ、注意指導では「行動」が明示される必要があります。しかし先ほどの副店長らの怒声は、「どう行動するか」が明確とは言えず、言われたＥさんは怯えはしても、適切な行動の実行や習得には至らなさそうです。

また、たとえ指導が「正しい内容」だったとしても、その言い方があまりに高圧的だったり、長時間・長期に及ぶ場合には、パワハラと認定されることがあります。もう少し言えば、指導の相手だけではなく、それを見ている周囲の人に心的ダメージを与えていたとして労災認定された事案もあります。「熱意と正しさ」が、図らずも望ましくない結果を生むことがある事実は、指導する立場の方は知っておかなければなりません。

ポイント

- □ **店舗などでの出勤者を減らすことで、出勤者の労働密度は増加する。**
- □ **「多忙」「少人数」「閉じられた世界」は、ハラスメントの温床となりうる。**
- □ **「正しい」内容の指導も、言葉遣いや口調などの態様によってはパワハラや労災認定を受けることがある。**

11 テレワークの日には必ず頭痛が出現する社員の事例

「はぁ、明日はまたテレワークか」。物憂げな顔で予定表を眺めるGさん。テレワークが憂うつな理由はというと…

「在宅勤務の日はだいたい朝から頭が痛くなるんです。元々肩こりもひどく、頭痛持ちではあったのですが、テレワークをするようになって悪化したというか。ずっと座っているから首や腰も痛くなってきて…」とのこと。

オフィスでは、電話が鳴ったり声をかけられたり誰かが話す声が聞こえたりと、様々な雑音や気が散る要因があります。それは集中を妨げるものであると同時に、過集中を防いでくれるものでもありました。PC画面から「雑音」の方向に数秒でも目をやることが目や脳の休息となり、ついでに手や首・肩を回して深呼吸、などとしていたのではないでしょうか。環境にもよりますが、自宅ではそうした「他人の気配」がないため、作業に没頭してふと気づけば1時間以上経過、なんてことはざらかもしれません。Gさんの場合も、このことが思う以上に心身の負担になっていたようです。

厚労省の「VDT（Visual Display Terminals）作業における労働衛生環境管理のためのガイドライン」では、心身の負担軽減のため、連続作業時間1時間ごとに10～15分の作業休止時間を、1時間内でも1～2回の小休止を取るよう求めています。また、アメリカ検眼協会の示す「20-20-20」ルールも眼精疲労防止に有用といわれています。

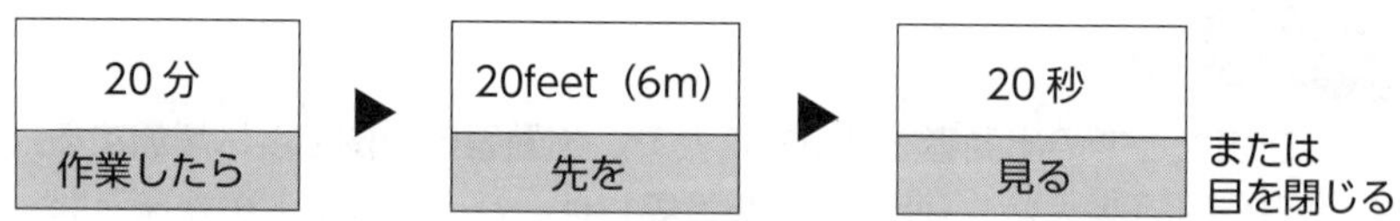

また、自宅の作業環境を全て会社が整えるのは難しいですが、適切な環境の情報を示すことはできます。（一社）日本人間工学会の「2010年版ノートパソコン利用の人間工学ガイドライン」「タブレット・スマートフォンなど

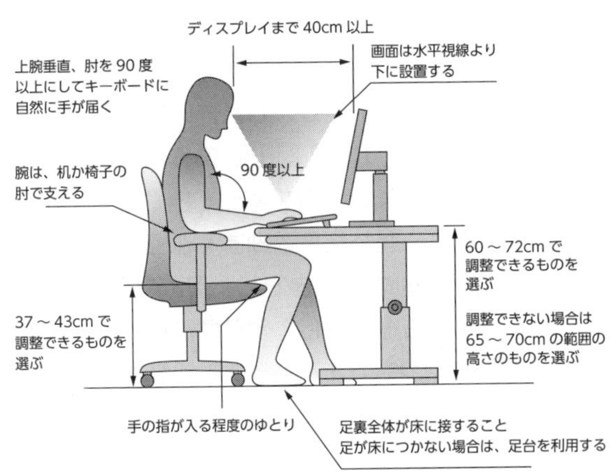
ディスプレイまで 40cm 以上
上腕垂直、肘を 90 度
以上にしてキーボードに
自然に手が届く
画面は水平視線より
下に設置する
90 度以上
腕は、机か椅子の
肘で支える
60 ～ 72cm で
調整できるものを
選ぶ
調整できない場合は
65 ～ 70cm の範囲の
高さのものを選ぶ
37 ～ 43cm で
調整できるものを
選ぶ
手の指が入る程度のゆとり
足裏全体が床に接すること
足が床につかない場合は、足台を利用する

その他
- 極端な前傾姿勢，後傾姿勢，ねじれ姿勢を避ける
- 長い時間同じ姿勢を続けない
- 手首が上下左右に不自然な角度にならないように
- 難しい場合は PC の位置を小まめに変え、休憩を頻繁に取る

出典：富士通株式会社
https：//www.fujitsu.com/jp/about/businesspolicy/tech/design/ud/vdt/

を用いて在宅ワーク / 在宅学習を行う際に実践したい 7 つの人間工学ヒント」や、ノート PC や目薬メーカーの web サイトなども参考になります。

こうした情報を見たGさんは、①窓の光が映り込まない位置に PC を変更、②タイマーで20分に一回立ち、③顎を引いて首を後ろに動かすストレッチ、④休憩中はスマホを見ず、使う際にはスマホを持つ手を腕で支えて首の水平を保つ、などを実行し、１カ月ほどで頭痛や腰痛が軽減しました。

自宅の環境は人それぞれ異なります。会社はある程度の情報提供を行いますがそれを自分の環境に適用していくのは各社員の役割といえるでしょう。

ポイント

- □ オフィスと違って雑多な刺激がないため、ついつい集中しすぎる。
- □ 20分に一度は目を休める（脳の休息）。
- □ 45分に一度は身体を動かす（体のリラックス）。
- □ 作業姿勢はやっぱり重要。「正しい姿勢」も伝えておく。

12 テレワーク明けから勤怠問題が出現した社員

「遅刻や突発有休が増えている部下がいます。うつ病でしょうか？」〈いつもと違う〉状態に気づいた管理職から、電話がありました。

「先月まで完全テレワークで、今月から週１～２回出勤するハイブリッド勤務になりました。テレワーク前は10分程度の余裕を持って出勤していましたが、今は毎日定時ギリギリ、電車が数分遅れたら遅刻するような状態で。顔色も優れない気がしますし、産業医を勧めるべきでしょうか？」。うーん、心配です。結局その管理職の方が「遅刻も出てるし、顔色も心配だし、産業医かEAPに相談して善後策考えてきてくれない？」と上手く勧めてくれて、Hさんが相談にきました。

結論から言うと、Hさんは睡眠リズムが後退している状態でした。ゲームや音楽ビデオ、ネット動画が好きなHさんは、テレワーク勤務が終了すると速やかに趣味の世界に突入。深夜まで時を忘れて楽しく過ごしていました。で、気づけば毎日寝るのが３時４時、５時近い日もあるそうです。在宅だと９時直前に起きてPCをつければ何とかなりましたが、出勤日はそうはいきません。頑張って起きられる日もあれば、諦めてしまう日もあったそうです。

人間の睡眠リズムは、後退しやすく前には動かしにくいと言われます。後退した睡眠リズム（遅寝遅起き）を戻すのは、復職支援でも手こずる部分だったりします。加えて、人体には自然の目覚まし時計が備わっています。実は今朝、皆さんの体内には、「前日」の起床時刻の少し前からストレスホルモンが出ており、目覚める前から血糖値や血圧が上昇、起床して身体を動かす準備をしてくれていました。でも、前日に「遅起き」をしていると、起きるべき時間に体の準備が整っていません。その状態で起きると、ストレスホルモンが一気に大量放出、結果的に体がつらく、不機嫌な朝となるのです。

皆さんの月曜日の朝がつらいのは、日曜日に平日より２時間以上「遅起き」していたからかもしれません。

さて、Hさんの話を聞くと、出勤日の前日（多くはテレワークの日）の起床時間に問題がありそうでしたので、「睡眠・生活記録表」を用いて状況確認と対策検討をしました。すると、「スマホ見る→楽しい→眠れない→スマホ見る→眩しい→眠れない」そんなサイクルも見えてきました。夕方４時以降の強い光やブルーライトは睡眠を妨げるといわれますが、スマホやゲームを深夜に行う問題点はその「楽しさ」にもあります。子育てされた方は、夜はお子さんを極力興奮させないよう配慮されていたと思います。私自身も、昔家族と花火をした夜にそわそわして眠れなかったのを覚えています。質のよい睡眠には、就寝時間から逆算して刺激を遠ざけることも必要です。

また、就寝60〜90分前に40℃程度のお風呂に10〜15分ほど入り、深部体温を高めると、入眠がスムースになります。その他、「健康づくりのための睡眠指針2014（厚生労働省）」も参考になります。

さらに気になり「会社には言わないので、在宅勤務中にスマホ動画見てないですか？」と訊いてみました。Hさんの苦笑いが答えでした。ゲーム、動画、株取引やFXなどもそうですが、「見ていないと不安」「見ると安心・触ると楽しい」の繰り返しは、依存につながります。テレワークでは他者の目がない分、お酒や過食も含めて依存的となりうる刺激物は、目の届かない場所に置く（刺激統制法）などの工夫も必要です。

Hさんも、深夜０時にはスマホを別室に置き、手持ち無沙汰はストレッチや足裏マッサージなどで解消して「スマホのない状態」に慣れていく「修行（Hさん説）」を行い、約２カ月で改善していきました。

ポイント

- □ 遅起きは翌日の寝起きにも影響するが、リズムの立て直しは大変。
- □ ハイブリッド勤務なら、起床時間は通勤日に揃えると体が楽。
- □ 興奮する趣味は、睡眠を遠ざけると共に依存のリスクがある。
息抜きの種類を増やす、刺激物を見えない場所に置くなどもコツ。

13 転職後すぐ、コロナで在宅勤務になった

「4月にキャリア入社したＩと言いますが、会社を辞めようか悩んでいます。入社時にパンフレットをもらったので」EAPにはこうした相談も寄せられます。EAPは〈辞めさせない！〉ようにするのでしょうか。衝動的な退職はご本人のためにならないこともありますが、ご本人の価値観やスキルを踏まえると現職に留まるだけが選択肢ではないと感じることもあります。ご本人にとってベストな道を探る中で、今の会社内でそれを目指せないか探る、私たちはそんなスタンスを大切にしています。

さて、Ｉさんですが、お仕事は前職のスキルを活かせるものではあるようです。しかしながら、入社後すぐにテレワークとなり、部署のメンバー全員とは顔合わせができておらず、正直名前もよく分からない状況です。作業の指示は上司から来て対応するものの、不明点も多く、手ごたえがありません。上司からは「後はやっておきます」「手が空いたら勉強しといてください」と言われますが、社内情報の閲覧しにくさもあり、不全感が高まっているようです。「すごく大きな不満があるわけでもないのですが、何となくやる気が出ないというか、自分の力を活かせていない感じがしていて。でも今の状況では再転職も難しいだろうし」とおっしゃいます。

キャリアカウンセリングでは、転職や役割の変化などを「トランジション」と呼ぶことがあります。そして変化に適応していくには、①起きた変化（状況）を冷静に見つめること、②自分自身が変化をどのように受け止めているのか振り返ること、③周囲のサポートを確認していくこと、④色々な対処法を想定・活用していくことなどが重要とされています。新たな状況や役割で力を発揮するまでには時間もかかります。「前のようにできない」「こんなはずじゃない」と感じることも自然な流れと受け止める姿勢も大切です。

Ｉさんの場合、転職は自ら選んだ変化とはいえ、社内の情報が得にくいこと、上司の指導や周囲への相談がしづらいことなどは、予想していない変化

といえます。相談のしづらさは、③のサポートの少なさにも重なる部分です。そう考えると、テレワーク前後に入社や異動をしてきた方は、その変化への適応が通常より難しくなるのは当然と言えます。このため、ある会社ではあえてビデオ会議をつなぎっぱなしにして新入社員が声をかけやすい状況を作っているというメンターの方もいました。

Ｉさんは上司と面談し、他のメンバーにもＩさんが声かけしやすいよう改めて顔つなぎをしてもらいました。キャリア入社は自他共に「お手並み拝見」となりがちですが、早期に適応して戦力となるには、双方からコミュニケーションを取る姿勢が重要です。

もうひとつの予想しない変化。Ｉさんも初テレワークで、どうも午前中に集中できないと感じていました。そこで通勤代わりに自宅周りを20分程歩いたところ予想以上によいスタートが切れたため、これも続けることにしました。自宅は本来、休息の場所。副交感神経が優位になりがちです。会社に着くまでの通勤時間が高めてくれていたテンションを、在宅でどう高めるか。テレワークで成果を出していくには、そのセルフコントロールの方法も各自で身につける必要があるといえます。

ポイント

- □　テレワークでは、環境や役割の変化（トランジション）への適応で大切な周囲の支援が得られにくい。
- □　新参の方には、仲間の顔が見えることが安心感や所属感につながる。
- □　通勤に代わる「ON／OFF 切替え」の時間や儀式を持とう。

14 消毒しないと仕事ができない、消毒してたら仕事にならない

「最近仕事がちょっとつらいんです」人事総務のＪさんからご相談です。Ｊさんは以前EAP担当だった女性で、育休取得後、二児の母として元気に活躍されています。…いや、今は元気ではないようです。どうされました？

「会社の新型コロナ対策を中心になって実施しており、社員の皆さんも協力的でそこに不満はないのですが、自分でも何か変だな、やりすぎかなと思うことが増えていまして」「職場や店舗などで、消毒がちゃんとできてないかもと思ってしまうと、一度拭いたところでも何度もアルコール噴霧したり、他の人の周りまで気になって拭いてしまったり…。周りの人は『ありがとう、もう拭いたので大丈夫』と笑ってくれたのですが、顔が強張っている私を心配してEAPを勧めてくれました」「これって病気なんでしょうか？」

「手洗い」「鍵やガスの確認」「何かを数える」など、自分でも馬鹿げていると思いながらも止められない行為を「強迫行動」と呼びます。ただ、危険を減らすための確認はリスク検知能力と慎重さの表れですし、几帳面で綺麗好きな日本人には、こうした行為自体はさして珍しくはありません。それが社会生活に支障をきたす程度になれば診断名がつく、というものです。

さて、Ｊさんは、会社のCOVID－19対策の責任者です。いつか必ず感染者は出るだろうと認識しつつも、やはり出ないように、クラスターが発生しないようにと神経を使っています。加えて、「夫はずっと在宅でしたが、自分は出社が必要でした。私や子どもの感染を心配してのことですが、夫は出勤する私にチクチク嫌味を言ったり、子どもから離れるよう言われたこともあって……」と目に涙が滲みます。「自分は絶対に罹患するわけにはいかない」との気負いと、だからこそのウイルスへの恐怖を強くお持ちでした。

「馬鹿げている行為」と先述しましたが、COVID－19対策では消毒をすればより安全との側面がある点が、こうした問題の難しさでもあります。実際問題、不安や恐怖は否定できるものではありません。「怖くない！」と否定しようと何度も拭くほど、むしろムクムクと湧き上がって増えてくるかもしれません。こういう時にまず必要なのは、「怖いなー、罹りたくないなー」と自分の感情や思考を受け止めることです。次に、「では、この状況でどの程度の対策が妥当か」を考えます。ウイルスの正しい知識のあるＪさんにはこれも可能です。机を拭くのは一回、往復させずに一方向に。そして、それをしたら終了。「必要なことはした。大丈夫、大丈夫」と自分なりのおまじないを唱えて深呼吸。ウイルスがまだいそう、と思うと気持ちは悪いです。その気持ち悪さが時間と共に去るのを待ちます。拭きたくなったら手首に巻いたヘアゴムをパチンとして気を紛らわせてもよいです。

　このような形で消毒行動を増やさないことに併せて、自分なりの落ち着く時間を日々の中で意識的に設けて味わい、副交感神経をきちんと働かせることも大切です。そんな方法を伝えましたが、Ｊさんは「あぁ、私はとても怖かったんですね…」と妙に得心されたようでした。その後は「１回！」で済んでいると報告いただいて安心した次第です。

ポイント

- □　感染への不安や恐怖の感情は自然なこととして否定しない。
- □　不安を感じる状況やレベルと、そこで行う対処法を決定。
- □　決定した方策を実行した後は、深呼吸しながら「やるべきことはやった」と自分に語りかけて気持ちを落ち着ける。

15 感染者、濃厚接触者への風当たり

2020年７月以降、全国的に感染者がまた急激に増え、感染者や濃厚接触者が社内で出ることも現実的になってきました。各社の COVID－19対策は「感染しない・クラスターを生まない」一次予防がまず中心でした。今後は、「出た後にどうするか」という三次予防も重要になってきます。

「自分も軽率だったとはいえ、ほんと最悪でした」これは、濃厚接触者となって保健所から自宅待機を指示されたＫさんの言葉です。10名以下だからと集まった親戚での会合の直後に一人の親戚が発症、濃厚接触者に当たるとされたＫさんは、PCR 検査を受けると共に14日間の健康観察期間として対人接触を禁止されました。幸いにも検査は陰性でしたが、Ｋさんの会社はテレワークの仕組みがなく、まさに「待機」するしかありませんでした。

その待機中から「休めていいなぁ。給料もらえるの？」「反省文書いとけよ」といったメールが先輩や同僚から届き、「冗談だとも分かるのですが、ショックも受けた」と話されます。戻ったら戻ったで、「治ったの？　何やってんのよ。本当に大丈夫？　検査は２回受けた？　え自費で受けろよ」等々多くの人から労いやら心配やら嫌味やら白眼視やらを受けたそうです。
極めつけは「おぅコロナＫ、ご不在の間はお前のネタで持ちきりだったぜ」との言葉。「この会社で働いていくのが嫌になりました」聴いた私も、ほんとに辞めちゃうかもなと思いました。

今、私たちは「出たらイヤだな～　罹りたくないな～」という、どちらかと言えば漠然とした不安のような気持ちを抱きながら日常を過ごしています。それが、ごく身近に感染者や濃厚接触者が出たと聞くと、一気にリアルな「恐怖」へと変わります。この時、私たちの心は大きく揺り動かされます。その方が陽性なら恐怖が転じて怒りとなったり、陰性なら、高まった緊張が一気にゆるんで「軽口」の形で気持ちの安定を図ろうとする人も出てきます。

事例４―14とも重なりますが、「あーびっくりした。怖かった」と言葉にしてしまったほうがこうした捻れた形での攻撃は出て来にくいでしょう。同時に、管理職は本人の同意を得て関係者に正確な情報を伝えると共に、本人や家族を揶揄する表現は慎むよう伝えておくと他の社員の安心感にもつながります。逆に管理職として皆を和ませるつもりであったとしても、あまりしつこい「イジリ」は避けていただければと思います。

また、就業中に発熱して急遽早退した方が出た場合、速やかな周辺の消毒は必須です。その際、本人や周囲に「Ｋさんが汚いってことじゃないから！『ウイルス』の消毒が必要だから！」と、少しくどくても明言しておくほうがよいのではと私は思っています。2020年の夏休みに実家から「感染怖いし今年は帰ってこないでね」と言われ、「助かった」と思う反面、何かバイキン扱いされたような複雑な気持ちになった方もいるのではないでしょうか？

いわゆる普通のインフルエンザの時にも同じ対応をするわけですが、必要だとは分かりつつも、何故かちょっと傷ついてしまうような場面でもあります。「消毒対象はあなたではなくウイルス」と切り分けてあげることが、温かみを失わない、冷静かつ公正な対応といえるのではと考えています。

ポイント

- □　感染への不安や恐怖の感情は自然なこととして否定しない。
- □　恐怖の感情に任せた排除や攻撃、揶揄が行われると、感染者等には心の傷となり、未来の職場の人間関係に大きな禍根となる。
- □　仲間が不安や恐怖に駆られる時こそ、管理職のメッセージが有用。

◆「メンタルヘルス・マネジメント® 検定試験」とは◆

働く人たちの心の不調の未然防止と健康増進、また活力ある職場づくりを目指して、職場内での主な役割に応じて必要なメンタルヘルスケアに関する知識や対処方法を習得していただくものです。

●コース別の概要と公開試験の実施方法等

コース	Ⅰ種（マスターコース）	Ⅱ種（ラインケアコース）	Ⅲ種（セルフケアコース）
対　象	人事労務管理スタッフ、経営幹部等	管理監督者（管理職）	一般社員
目　的	社内のメンタルヘルス対策の推進	部門内、上司としての部下のメンタルヘルス対策の推進	組織における従業員自らのメンタルヘルス対策の推進
到　達 目　標	自社の人事戦略・方針を踏まえたうえで、メンタルヘルスケア計画、産業保健スタッフや他の専門機関との連携、従業員への教育・研修等に関する企画・立案・実施ができる。	部下が不調に陥らないよう普段から配慮するとともに、部下に不調が見受けられた場合には安全配慮義務に則った対応を行うことができる。	自らのストレスの状況・状態を把握することにより、不調に早期に気づき、自らケアを行い、必要であれば助けを求めることができる。
日程等	統一日に、全国15都市の指定会場にて実施		
条件等	学歴・年齢・性別・国籍に制限なし。どのコースからでも受験可能。		
受験料	11,000円（税込）	6,600円（税込）	4,400円（税込）

●申込方法

インターネット（クレジットカード決済）／コンビニ申込（店頭決済）

※新型コロナウイルス感染症対策のため、申込方法や期間が変更になる可能性があります。詳しくは下記公式ホームページにてご確認ください。

●団体特別試験

企業や学校等が、所属する従業員や学生を対象に、メンタルヘルスケアに関する教育・研修の一環としてメンタルヘルス・マネジメント検定試験を実施できる制度です。企業・学校等のご都合に合わせて、日時や場所を設定できます。詳しくは、下記よりご確認ください。

●検定試験に関する問合せ先

＜メンタルヘルス・マネジメント検定試験公式ホームページ＞

URL：https://www.mental-health.ne.jp/

＜メンタルヘルス・マネジメント検定試験センター＞

電話：06-6944-6141（土・日・祝休日・年末年始を除く10:00～17:00）

Mail：info@mental-health.ne.jp

ジャパンEAPシステムズ（JES）とは

ジャパンEAPシステムズ（JES）は、専門医療機関で臨床に携わる医師・臨床心理士・精神保健福祉士・看護師などでつくられた組織です。

1993年の設立以来、外部EAPプロバイダーの草分け的存在として活動して参りました。

●スタッフ

カウンセラーは、大学院での専門教育が必要な臨床心理士か、国家資格である精神保健福祉士の保有者に限定。

キャリアコンサルティング技能士（1級・2級）やキャリアコンサルタント、産業カウンセラー資格を併せ持つカウンセラーも多数在籍しています。カウンセラーは常勤・専属であり、相談方法（電話・メール・面接）による分業を行うことなく、1人のカウンセラーが全ての相談方法に対応します。

●医療グループ

職員数2,000人以上を擁する翠会ヘルスケアグループに属しており、グループの医療ネットワーク、および提携機関（医療・相談）も豊富です。相談可能な提携機関では、臨床心理士や精神保健福祉士による面接相談もご利用いただけます（※弊社からの事前予約が必要）。また、産業医資格を有する顧問医（精神科医）も常駐しており、スタッフの教育やスーパーバイズ、最新情報の提供などにより、サービスの向上に寄与しています。

●5つの直営拠点

地域性を重視しつつ、情報管理や教育水準、相談対応方針などの一貫性を担保する支社体制を築いています。例えば、関東から九州に転勤になった、自分の相談を踏まえて地元にいる親の話を聴いてほしい、そんなときにも相談内容や方向性を支社間でしっかりと共有しますので、スムースな引継ぎが可能です。

<EAPサービス一覧>
クライアントのパフォーマンス向上を目指すJESのサービス

相談サービス

◆面接相談（契約によっては別途請求）
◆電話相談（平日 10:00〜20:00
／土曜 10:00〜18:30）
◆メール相談（２営業日以内に返信）
◆管理職・人事・産業保健スタッフ等の相談
（マネジメントコンサルテーション）
◆社会資源（医療機関等）の情報提供
◆職場復帰支援
◇リワークグループ
◆緊急事態ストレスマネジメント
（自死・事故発生時の対応）
※初期対応はサービス内。
必要時は派遣相談や研修を実施
◇派遣相談（onsite 相談）
◆相談利用状況報告会（２〜４回／年）

Webサービス

◆ラインケア、セルフケア資料
◆ PRコラムバックナンバー
◆セルフチェック（睡眠･アルコールなど）
◆ YouTubeチャンネル

ストレスチェック（J-SAP）

◇ J-SAP57
※職業性ストレス簡易調査票
（57項目）使用
◇ J-SAP80
※新職業性ストレス簡易調査票
（80項目）使用
※オプション項目追加可能
◇報告書作成、報告会の実施

PR活動

◆リーフレット・カードの配布
◆ PRカード作成（４回／年）
◆社内報等への寄稿（２〜４回／年）

人材開発、その他サービス

◆オリエンテーション／研修（１回／年）
◇カスタマイズ研修
◇各種資料、教材、ハンドブック作成
◇個別トレーニング（ハラスメント行為者講座など）
◇採用支援グループワーク
◇コンプライアンス窓口設置

◆：年間サービスに含む／　◇：オプション

著者紹介

松本 桂樹（まつもと　けいき）

株式会社ジャパン EAP システムズ　代表取締役社長
神奈川大学人間科学部　特任教授
臨床心理士、公認心理師、１級キャリアコンサルティング技能士、精神保健福祉士

1969年生まれ、東京都出身。東京学芸大学大学院教育学研究科修了。精神科医療機関にて常勤心理職として勤務の後、現職へ。日本における外部 EAP の草分けであり、現在もメンタルヘルス問題やキャリアに関することなど様々な相談を受けている。お茶の水女子大学大学院非常勤講師、特定非営利活動法人日本キャリア開発協会顧問も務める。
専門領域は、職場適応支援、マネジメントコンサルテーションなど。著書に「メンタルヘルス不全の企業リスク」（日労研）、「部下が病気にならないできる上司の技術」（WAVE 出版）、「『傷つきやすい人』の心理学」（大和書房）、共著書に「実践家のためのナラティブ　社会構成主義キャリア・カウンセリング」（福村出版）などがある。

榎本 正己（えのもと　まさき）

株式会社ジャパンEAPシステムズ　執行役員　相談事業本部　本部長
同志社大学大学院　非常勤講師
臨床心理士、公認心理師、２級キャリアコンサルティング技能士、キャリアコンサルタント

関西大学大学院社会学研究科修了。福祉施設での認知症患者のケアや大阪府の教育事業に携わった後、2003年に現社。同年の関西支社立ち上げ以来、勤労者および人事・管理職等からの相談対応や、企業内外での研修を数多く行う。大阪商工会議所が行うメンタルヘルス・マネジメント検定試験の立ち上げにも携わった。関西大学専門職大学院非常勤講師（2009～2018）。
専門領域は、勤労者のメンタルヘルス問題、職場復帰支援、ハラスメント関連問題、キャリア関連問題など。著書・共著書に「メンタルヘルス・マネジメント検定試験１種マスターコース過去問題集」（中央経済社）、「マインドフルにいきいき働くためのトレーニングマニュアル～職場のためのACT」（星和書店）、「ビジョンを紡ぐ」（中部経済新聞社）、「公認心理師分野別テキスト５産業・労働分野―理論と支援の展開」（創元社）、「事例から学ぶ　心理職としての援助要請の視点～「助けて」と言えない人へのカウンセリング」（金子書房）など。

本書の内容に関するご質問は、ファクシミリ等、文書で編集部宛にお願い致します。(fax　03-6777-3483)

なお、個別のご相談は受け付けておりません。

本書刊行後に追加・修正事項がある場合は、随時、当社のホームページにてお知らせ致します。

上司と部下の
メンタルヘルス・マネジメント対策

令和２年11月30日　初版第１刷印刷　（著者承認検印省略）
令和２年12月15日　初版第１刷発行

 著者　松本桂樹
榎本正己

編集協力　大阪商工会議所

発行所　税務研究会出版局
週刊「税務通信」「経営財務」発行所

代表者　山根　毅

〒100-0005
東京都千代田区丸の内1-8-2　鉄鋼ビルディング
振替00160-3-76223

電話［書籍編集］03（6777）3463
［書店専用］03（6777）3466
［書籍注文］（お客さまサービスセンター）03（6777）3450

各事業所　電話番号一覧

北海道	011（221）8348	関西	06（6943）2251
東北	022（222）3858	中国	082（243）3720
関信	048（647）5544	九州	092（721）0644
中部	052（261）0381	神奈川	045（263）2822

当社ホームページ　https://www.zeiken.co.jp

乱丁・落丁の場合は、お取替え致します。

装丁　株式会社カラーズ
印刷・製本　三松堂印刷株式会社

ISBN978-4-7931-2583-6